JN045844

家族法と戸籍実務等をめぐる若干の問題・中

澤田省三〔著〕

発行 テイハン

はしがき

　本書は既刊（2022年2月）の「家族法と戸籍実務等をめぐる若干の問題・上」に続く中巻である。上巻のはしがきにも述べたとおり，本書は筆者が中京大学法科大学院在職時を中心に主として「戸籍」誌（テイハン刊）に掲載した論稿を集めたものである。本来は1冊の単行本として刊行予定であったが上・中・下の3巻に分けて発刊することになった。収録される論稿は筆者の学者としての後期に属する時期のものである。内容的には，もともとは法務省に勤務する実務家であったから学者の道に転じてからも研究の関心と姿勢は実体法と手続法をバインドした形でのものを目指していたこともあり，結果的に，そういうタイプのものが多いように思われる。このような実学的思考には批判があるかも知れない。

　しかし，例えば，親族法の規定が現実の社会でどのように機能し，どのような問題を提起しているかは，親族法の手続法でもある戸籍法が親族法の関連規定についてどのように機能しているかを脇において論じてもほとんど意味はないとも言える。本書に収録した論稿もそのような意味で手続法の視点から実体法の問題を探る姿勢が強く出ているテーマが多いように思われる。今まさに問題となっている民法の嫡出推定制度の改革の問題もその機縁はやはり民法の規定が手続法である戸籍法令等によってどのように具現化され，それがどのような社会的問題を惹起しているか，というところからスタートしていると言っても過言ではないであろう。いわゆる無戸籍者問題も同様である。離婚と親権の問題も議論の渦中にある。しかし，この問題との関連でも，離婚特に協議離婚の合意と親権者決定のプ

ロセスには不明確，不確実な点が多くそれがそのままの形で戸籍実務の扱いに反映している点などは手続法たる戸籍法の視点からも検討すべき問題が多いようにも思われる。「子の福祉」の視点からもその検討は実体法たる親族法だけでなく手続法たる戸籍法も大いに関係していることを自覚したい。

　本書には7編の論稿が収録されているが，上記のような筆者の研究視点等も参考にしてお読みいただければ幸いである。

　本書の刊行に当たっても，(株)テイハンの企画編集部長南林太郎氏と同課の三上友里氏には格別のお世話になりました。ここに改めて感謝の誠を捧げたい。

　2022年3月

　　　　　　　　　　　　澤　田　省　三

凡　　例

　本書は全体を通して平易で理解しやすいよう努めておりますが，条文を説明するに当たり引用条文が多岐にわたるため以下のように略記させていただいております。

民…………………民法（明治29年法律第89号）
戸…………………戸籍法（昭和22年法律第224号）
戸規………………戸籍法施行規則（昭和22年司法省令第94号）
人訴法……………人事訴訟法（平成15年法律第109号）
住基法……………住民基本台帳法（昭和42年法律第81号）

・

家審法……………家事審判法（昭和22年法律第152号）[*1]
家審規……………家事審判規則（昭和22年最高裁判所規則第15号）[*2]

　（＊1）家事審判法は，平成25年（2013年）1月1日，家事事件手続法の施行に伴い，廃止されています。
　（＊2）家事審判規則は，平成24年（2012年）7月17日に廃止されています。

「家族法と戸籍実務等をめぐる若干の問題・中」
目　次

● ● ●

◆初出一覧

❹　国籍法第2条第1号にいう「父又は母」の意義をめぐって［覚書］―最高裁第二小法廷平成14年11月22日判決を機縁として―
　　　戸籍誌747号（平成15年8月）

❺　虚偽の届出による養子縁組無効とある刑事被告事件―縁組による氏変更の効果を利用した文書偽造・詐欺等被告事件から―
　　　戸籍誌760号（平成16年7月）

❻　協議離婚と親権者の決定をめぐって
　　　戸籍誌772号（平成17年5月）

❼　「創設的届出」管見―婚姻を主題に―
　　　戸籍誌775号（平成17年8月）

❽　民法第798条「ただし書」に関する若干の考察―ある親権喪失宣告申立事件を契機として―
　　　戸籍誌792号（平成18年11月）

❾　虚偽の養子縁組届出をめぐって
　　　戸籍誌839号（平成22年2月）

❿　方便としての養子縁組・婚姻届等をめぐって―時代を反映する最近の二つの判決から―
　　　戸籍誌851号（平成23年1月）

国籍法第２条第１号にいう「父又は母」の意義をめぐって［覚書］―最高裁第二小法廷平成14年11月22日判決を機縁として―

１ はじめに

　国籍法２条１号の規定が憲法14条１項の規定に違反するかどうかを争点とした国籍確認等請求事件で，最高裁第二小法廷は，平成14年11月22日，同規定は憲法14条１項に違反するものではない旨の判断を示した（判例時報1808号55頁以下）。

　事案は，法律上の婚姻関係にない日本人男性とフィリピン人女性との間に出生した子が，当該日本人男性から「生後認知」を受けたことを理由として，出生の時にさかのぼって日本国籍を取得したとして，日本国籍の確認を求めたものである。

　現行国籍法の２条１号は，出生による日本国籍取得の一要件として「出生の時に父又は母が日本国民であるとき」と規定している。本件はまさにここでいう「父」の意義の解釈をめぐる訴訟であった。

　もっとも，この点については，従来から，同条同号でいう「父」とは，法律上の「父」をいうものと解されていたし，また，民法784条本文は認知の効力が子の出生時に遡及する旨を定めてはいるが，国籍法上の解釈としては，生後認知の効力が遡及することを否定するのが実務の立場であったし，最高裁も平成９年10月17日第二小法廷判決が同様の判断を示している（判例時報1620号52頁以下参照）。学説的にもそのような解釈が支配的であったといえよう。

本件事案はそうした解釈に異論を唱え提起されたものであるが、第一審においても、第二審においても、いずれもその主張が認められなかったため、最高裁に上告していたものである。

　上告の理由は、国籍法2条1号の適用において、認知の遡及効を否定することは、嫡出子と嫡出でない子との間で、また、胎児認知された嫡出でない子と生後認知された嫡出でない子との間で、日本国籍取得について差別するものであり、憲法14条1項に違反するというものであった。

　本件最高裁判決はこの主張を否定し、同条同号の規定は憲法に違反するものではないという判断を示したのである。その理由は後に紹介するが、いずれにせよ、国籍法2条1号の規定の憲法適合性について初めての最高裁の判決として重要な意義をもつものである。

　同時に、憲法適合性を肯定する判断の前提問題となった国籍法2条1号の「生後認知と国籍取得の可否」をめぐる解釈論についても、若干の課題的要素を含みつつも、実務の立場が是認されたわけであり、その意味でも意義ある判決といえよう。

　そこでこの機会に、本件事案の争点について、第一審からの経緯をトレースして、論点の整理紹介をし読者の便宜に供したいというのが本稿の目的である。

　なお、その際国籍法2条1号の解釈論に関わる部分に主たる焦点を当てて記述することとしたい。

② 事案の概要

　原告Xは、フィリピン人A女と日本人B男の婚外子として1992年（平成4年）6月21日に出生し、出生によりフィリピン国籍を取得

❹　国籍法第２条第１号にいう「父又は母」の意義をめぐって［覚書］

した。日本人Ｂ男は1994年（平成６年）11月11日，同じくＡ女との間の婚外子Ｃ（Ｘの妹）を胎児認知したので，同日12日の出生によりＣは日本国籍を取得した（胎児認知であるから，出生の時点で「父」が存在することとなることが理由である。）。

　1995年（平成７年）４月12日，Ｂ男は，Ｘの出生後約２年９か月余り後に，Ｘの認知届出をしたが，これによってはＸの日本国籍の取得は認められなかった。

　そこでＸは，日本人Ｂ男の認知により，Ｘの出生の時に日本国籍を取得したとして，国に対して日本国籍の確認を求めるとともに，国がＸに日本国籍を認めないことにより，日本国民として当然受けるべき保護や権利の享受ができなかったとして，不法行為に基づく損害賠償を求めたものである。

　これに対して第一審，第二審ともに，国籍法上は認知の効果を遡及させない立場を採っているとし，そのような結論に基づく一部の嫡出でない子に対する取扱いの区別は，立法府に与えられた合理的な裁量判断の限界を超えたものということはできない，としてＸの主張を斥けた。

　Ｘはさらに以下のような理由で上告した。国籍法２条１号の適用において認知の遡及効を否定することは，嫡出子と嫡出でない子との間で，また，胎児認知された嫡出でない子と生後認知された嫡出でない子との間で，日本国籍取得について差別するものであり，憲法14条１項に違反するというものである。

　この主張に対する最高裁の判断の要旨が冒頭に紹介したものである。

③ 国籍と戸籍

　戸籍法は，日本人について，属人的に，つまり，戸籍法施行地域内に居住すると否とにかかわらず適用される。そして，戸籍には，日本人である限り，国内にあると外国にあるとを問わず，全ての者についてその記載がなされる扱いである（青木義人・大森政輔『全訂戸籍法』46頁）。

　他方，日本国民でない者については，戸籍は編製されない。日本国内で出生した者については，外国人であっても，出生の届出義務は課せられているが，その届出により戸籍の記載がなされるのは，日本国民である者に限られる（青木・大森前掲書46頁）。従来日本国民であった者で，日本の国籍を喪失した者については，国籍喪失の届出義務が課されているし（戸103条），官公署が国籍喪失の事実を知ったときは，その旨を戸籍事務管掌者に報告しなければならないこととされている（戸105条）。この届出又は報告があったときは，国籍喪失者は戸籍から除かれる扱いである（戸23条）。さらに，外国で出生した重国籍者については，出生の届出とともに国籍留保の届出があると（国籍法12条・戸104条）その者は戸籍に記載されるが，これらの届出がないと，その者は出生のときに遡って日本国籍を失い，戸籍に登載されることはない（青木・大森前掲書433頁）。

　このように国籍と戸籍は制度上不即不離の関係にあるものとして位置づけられていることを考えると，「日本国籍」取得の有無は戸籍記載の基本的前提条件として重い意味を持つものであることを理解し得る。

④ 背景的事情

ところで本件事案は，日本人男性と外国人女性の婚外関係がもたらした一つの事件であった。国際的な人的交流が進み多くの外国籍の人々が日本に滞在し，期間の長短はあれ，彼らの生活の基盤が形成されてくれば，日本人との間に様々な関係が生じてくることは不可避のことであろう。婚姻とか縁組等の身分関係の形成はもちろん事実婚的関係，あるいは単なる男女関係に過ぎないもの等形態は多様であろう。

平成13年度は529万人弱の外国人が入国し，とりわけアジア地域からの入国が増加しているといわれている。外国人登録者数は平成13年末で178万人弱，不法残留者は平成14年1月1日現在で22万人強といわれている（「外国人登録」527号4頁）。

こうした状況は当然のことながら，日本人との間に「子」を儲ける者の出現を予測させる。本件のような事案の背景にはこうした事情が存在することが指摘できよう。

さらに今一つ考えられるのは，嫡出でない子の法律上の地位をめぐる問題が，現今の重要な法的課題として浮上しているという状況も一つの背景的事情としてとらえることができると思われる。周知のとおり法定相続分の同等化の問題はその象徴的テーマであるが，本件でも日本国籍取得の可否について，嫡出子との対比，嫡出でない子の間での区別の存在の合理性が問題として提起されたのであるか，それもこのような背景を含んでいるように思われる。

⑤ 認知と国籍法

さて最初に第一審判決（判例時報1604号123頁以下参照），第二審判決（判例タイムズ992号103頁以下参照）のいずれにも前提事実として記載されている「国籍法の沿革」と「現行法の解釈」について紹介しておきたい。問題点を理解する上で有益な記述であるからである。

(1) 国籍法の沿革

昭和25年の法改正前の国籍法（明治32年法律第66号。以下「旧法」という。）では，「子は，出生の時その父が日本人であるときはこれを日本人とする」とされ（1条前段），父系血統主義が採用されており，また，「未成年者の子が日本人である父又は母によって認知されたときには日本国籍を取得する」との規定（5条3号，6条）が置かれていて，認知による国籍取得が認められていた。

新憲法の制定によって昭和25年に制定された新国籍法（昭和25年法律第147号。以下「新法」という。）は，旧法の父系血統主義は踏襲したが，当該認知による国籍取得の規定は全面的に削除した。

新法は，昭和59年に大改正された（昭和59年法律第45号による改正。以下，この改正後の新法を「現行法」という。）。

これによると，「子は，出生の時に父又は母が日本国民であるときは日本国民とする」として（2条1号），従来の父系血統主義を改めて，新たに父母両系血統主義が採用され，同時に準正による国籍取得の規定（3条）が新設された。同条によると，「父母の婚姻及びその認知により嫡出子たる身分を取得した20歳未満の子は，認知をした父又は母が日本国民であるときは，法務大臣に届け出ることによって日本国籍を取得することができる」ものとされている。

(2) 現行法の解釈

　前記のとおり，現行法２条１号は，子が日本国民となる場合として，「出生の時に父又は母が日本国民であるとき」と規定しているが，ここにいう「父又は母」とは，法律上の「父又は母」をいうものと解される。

　そして，嫡出子の場合には，父又は母の一方が日本国民であれば，法例17条により夫婦の一方の本国法である日本法が準拠法となるから，嫡出の推定の規定（民772条）によって，出生により法律上の父子関係又は母子関係が成立し，これにより子は日本国籍を取得する。

　一方，嫡出でない子の場合には，父又は母との間の各親子関係については，それぞれ父又は母の本国法によって定められることになる（法例18条１項）。したがって，まず，外国人父と日本人母との間の子については，母の本国法である日本法によると，原則として出生により当然に（認知を要することなく）母子関係が生ずると解されているから，子は出生により日本国籍を取得することになる。これに対し，本件のように，日本人父と外国人母との間の子については，父の本国法である日本法によると，法律上の父子関係が成立するためには認知が必要とされているから，胎児認知がされない限り出生のみによって日本国籍を取得する余地はない。

⑥　第一審における原告の主張の要旨

　第一審における原告の主張は，要旨二点に絞ることができる。一つは現行国籍法２条１号の解釈に関するものであり，今一つは，同条同号の解釈において，生後認知の遡及効を否定する場合の憲法14条等の適合性について，である。

(1) 現行国籍法2条1号の解釈について

① 民法上認知の効力は出生の時にさかのぼってその効力を生じるのであるから（民784条本文），国籍法上も同様に解すべきである。そうすると，原告は，出生の時に父が日本国民であるから，日本国籍を取得している。

② 認知の効果が国籍法上さかのぼらないと解釈すると，父の認知があっても出生の時に父が日本国民ではないことになり，現行法2条1号の規定の適用はなく，したがって，子は日本国籍を取得し得ない結果となる。このような結果をもたらす解釈は，憲法14条，市民的及び政治的権利に関する国際規約（いわゆるB規約）24条，児童の権利に関する条約2条及び7条に違反する。

1 子にとって，出生の時に父母が婚姻しているか否かは全く偶然のことにすぎず，個人の意思や努力によっていかんともしがたい性質のものである。このような嫡出子であるか嫡出でない子であるかによる差別は，憲法14条1項にいう「社会的身分」による差別に当たり許されないばかりか，出生による差別を禁止したB規約等国際条約等に違反する。

2 胎内にある子は，日本国民である父から認知されることにより，出生の時には父との間に法律上の父子関係にあるから日本国籍を取得することになる。そうすると，出生後認知に遡及効を認めない解釈を採ると，嫡出でない子との間では，認知が出生の前か後かによって，国籍の取得に差異を生ずることになり，この点からも憲法14条に反する。

3 国籍法上認知の効果をさかのぼらせない解釈は，現行法上

8

も以下のとおり合理性がない。

(a) 国籍の浮動性の防止について

準正の場合，重国籍の場合，帰化の場合には，一定の要件のもとに出生後の国籍取得が認められているのであるから，出生後の認知についてのみ，いつ認知されるか分からず，国籍が不確定になるという浮動性の防止を問題にすることに合理性はない。

(b) 二重国籍の防止について

現行法は父母両系主義を採用しており，異国籍の父母から生まれた子は父母双方の国籍を有することが認められているのであるから，二重国籍の防止は認知による国籍の取得を否定する理由とはいえない。

(c) 沿革上の理由について

旧法は認知による国籍の伝来的取得を認めていたが，昭和25年の改正によりこの規定が削除されたが，この改正の趣旨は，夫又は父母の国籍の得失に伴って当然に妻又は子の意思に基づかずその国籍の変更を生じることになっていたことが，憲法24条の精神に合致しないとの理由によるものである。しかし，そもそも嫡出子や準正子については，子の意思にかかわりなく国籍が変動するのであり，これは血統主義を基本とする以上当然であり，そうであれば，認知による国籍取得を認めても，国籍選択の制度によって，十分子の意思は尊重されるのであるから，前記改正の趣旨に反することはない。

(d) 現行法3条（準正による国籍取得）について

嫡出子と嫡出でない子との間で国籍取得に差異を設けるこ

とをもたらす同条項は，社会的身分による差別として許され
ず，無効である。

7 被告（国）の主張の要旨

原告の主張に対する被告（国）の主張の要旨は，以下のとおりで
ある。

(1) 現行国籍法2条1号について

本件原告の認知の届出は出生後にされたのであるから，父子関係
は出生後成立したものである。しかも，認知の遡及効は親族法上の
ものであり，国籍法上は，以下の理由により，認知の遡及効は認め
られない。したがって原告には，現行法2条1号が適用されない。

① 国籍の浮動性について

出生はすべての国の国籍立法において国籍取得の最も普遍的な
原因とされているところ，このような生来的国籍は，原則として
出生の時点において，できる限り確定的に決定されるべき性質の
ものである。これは，国籍が公法上の権利義務にかかわるばかり
ではなく，私法上の権利義務についても国籍を基礎として形成さ
れることが多いことに由来する。したがって，出生後の認知によ
り，子が出生の時点にさかのぼって生来的に日本国籍を取得する
となると，子の国籍が父の認知があるまで不確定なものにならざ
るを得ず，嫡出でない子はいつもこうした不安定な地位に置かれ，
国家にとっても本人にとっても好ましくない結果を生むことにな
るので，認知の効果を遡及させることは妥当ではない。

② 二重国籍の防止

人は，必ず国籍を持ち，かつ唯一の国籍を持つべきであるとい

10

う「国籍唯一の原則」は国籍立法の理想であり，世界各国も重国籍の防止及びその解消のための努力をしているのである。わが国においても，重国籍の防止及び解消のための制度を採り入れているところである。したがって，本件のように，母が外国人であることによって子が外国国籍を取得しているとき，子が出生のときにさかのぼって日本国籍を取得することになると，外国国籍と日本国籍との二重国籍を有するという不都合な事態を生じさせることになる。このような事態を生じさせてまでも認知の遡及効を認める合理性はない。

③　立法上の経緯

　旧法（明治32年法律第66号）では，日本国民である父による認知に基づく伝来的国籍の取得が認められていたが（国籍取得の時期は認知の時であった。）子の意思にかかわりなく当然に国籍の変動を生じさせることは，憲法24条の精神に合致しないと考えられたため，昭和25年の改正により削除されたものである。この改正の経緯からしても，現行法の下では，子の出生後に日本国民である父が認知した場合，子が日本国籍を取得しないことは明らかである。

④　現行法３条の存在

　現行法３条との対比からしても，出生後に日本国民から認知された子が，その認知のみによって遡及的に日本国籍を取得することはあり得ない。

(2)　国籍法２条１号を上記のように解すると，嫡出子の場合と嫡出でない子の場合とで，国籍の取得に差異を設けていることになるが，それは合理的な理由を有するものである。

現行法は，同じく血統上日本国民の子であっても，すべてに日本国籍を付与することなく，出生時点における法律上の親子関係の有無により，国籍取得の有無を決しようとしている。これは現行法が，血統という単なる自然的・生理的要素を絶対視せず，親子関係を通じてわが国と密接な結合が生じる場合に，国籍を付与するとの基本的政策に立脚しているからである。ここでいう親子関係を通じてわが国との密接な結合が生じるというのは，子が日本国民の家族に包含されることによって日本社会の構成員になることを意味する。したがって，国籍の付与に当たってこのような事情を考慮することには合理性があるというべきである。このような観点からすると，日本国民の嫡出子の場合には，当該日本国民が父であるか母であるかを問わず日本国籍を付与するのが適当ということになるが，嫡出でない子の場合は，婚姻家族に属していない子であり，嫡出子と同様の親子の実質的結合関係が生じるとはいい難い。そして，嫡出でない子の父子関係は，通常母子関係に比して実質上の結合関係が極めて希薄である。こうしたことから，日本国民の父の嫡出でない子の場合，原則として出生による日本国民の取得を認めないこととしたのである。

　また，嫡出でない子との間において，父が出生前に認知するか出生後に認知するかで現行法上国籍の取得に差異が生じるが，出生前に父から胎児認知されている場合には，通常出生後に認知される場合とは実質的な父子関係の結合の度合いが異なることを考慮すると，このような差異は合理的な理由に基づくものであるというべきである。

　なお，Ｂ規約24条や児童の権利に関する条約２条及び７条は，全

12

世界から無国籍者を一掃することを目指したものであり，嫡出でない子に対してまで国籍取得の権利を保障したものではない。

⑧ 第一審裁判所の判断（大阪地判平成８・６・28〔判例時報1604号123頁以下〕）

主要な判示部分を抄録する。

(1) 現行国籍法２条１号の解釈について

「旧法には，認知による国籍取得の規定が置かれていたが，右規定は昭和25年の新法制定により全面的に削除されたうえ，昭和59年改正による現行法では，準正による国籍の取得についての規定（３条）が新設されたのである。右の準正は，父母の婚姻と父による認知とを要件とするものであるから，原告の主張するような解釈を採ると，右の３条の規定は無意味な規定ということにならざるを得ない。したがって，右のような国籍法改正の経緯及び現行法３条の趣旨からすると，現行法は，認知そのものを日本国籍取得事由とはしていないこと，すなわち，国籍法上は，認知の効果を遡及させないとの立場を採っていることは明らかである。」

(2) 憲法14条等との適合性について

「日本国民の要件すなわち国籍をどのように定めるかについては，憲法自身が法律に委ねているところであって（憲法10条），これをどのように定めるかは，すぐれて高度な立法事項であり，立法府の裁量の余地が大きいものというべきである。しかしながら，右の法律（国籍法）を定めるに当たっては，憲法の他の諸規定と抵触しないように定めるべきであることも当然であって，これを憲法14条の平等原則との関係でいえば，国籍法の中の規定が右の平等原則に照

らして不合理な差別であると認められる場合には，右の裁量の範囲を逸脱したものとして，その効力は否定されなければならない。

　国籍の得喪に関する立法は，各国家の国内管轄事項であるとされており，どのような個人に国籍を認めるかについては，その国家の沿革，伝統，政治体制，国際的環境等の要因に基づいて決せられるところであり，出生による国籍の付与に関する血統主義又は生地主義のいずれを採用するかもその国の選択に委ねられるが，いずれの主義を採るにしても，国籍の積極的抵触（重国籍）及び消極的抵触（無国籍）の発生を可能な限り避けることが理想とされている。

　また，出生は，すべての国の国籍立法において，国籍取得の最も普遍的な原因とされているところ，このような生来的国籍は，被告が指摘するとおり，出生の時点においてできるだけ確定的に決定されるべき性質のものであること（浮動性の防止）は，否定できないところである。

　現行国籍法２条１号は，日本人父と外国人母との間の嫡出でない子については，胎児認知の場合を除き出生後の認知による日本国籍の取得を認めていないのであるが，このような者のうち，３条の準正による取得の要件を満たす者は，届出により事後的（伝来的）に日本国籍を取得することができるものとされているし，また，右の要件を満たさない者であっても，出生後の認知により日本人父との間に法律上の親子関係が生じた者は，簡易帰化による日本国籍の取得の道が開かれている（８条）。

　前記のところを踏まえて，これらの規定を総合的に考察すると，現行法は，血統という単なる自然的・生理的要素を絶対視することなく，親子関係を通じて我が国との密接な社会的結合が生ずる場合

に国籍を付与するとの基本的立場に立っているものということができる。すなわち，嫡出子については，父又は母のいずれが日本人であるかを問わず，親子の実質的結合関係が生ずるから，日本国籍を付与するについて問題はない。しかしながら，嫡出でない子については，親子の実質的結合関係は一律ではなく，民法上嫡出でない子は，母の氏を称し（民法790条２項），母の親権に服する（民法819条４項）ものとされていることからも明らかなとおり，父子関係は，母子関係に比較して実質的な結合関係が希薄であるのが通常である。現行法は，右の親子関係の差異に着目し，親子関係が希薄な場合の国籍取得について，段階的に一定の制約を設けたものと解することができる。

　なお，右の日本人父と外国人母との間の嫡出でない子については，多くの場合，母から外国国籍を承継することができるということも考慮されているように思われる。

　以上で検討したところを総合すると，右の現行法の基本的立場は，現今の国籍立法政策上合理性を欠くものとはいえず，このことに準正による国籍取得や簡易帰化等の補完的な制度を具備していることも合わせ考慮すると，現行法が一部の嫡出でない子について原告が指摘するような取扱いの区別をもうけたことは，合理的な根拠があるものというべきであって，立法府に与えられた合理的な裁量判断の限界を超えたものということはできない。したがって，右の区別は，憲法14条の平等原則に照らして不合理な差別ということはできない。

　Ｂ規約24条，児童の権利に関する条約２条及び７条等の条約は，いずれも無国籍児童の一掃を目的としたものであり，しかも，憲法

14条を越えた利益を保護するものということはできない。」

以上が判決の主要部分の説示である。

これに対して原告はこの判決を不服として控訴した。

⑨　控訴審における控訴人の主張

控訴審における控訴人の主張も基本的には第一審におけると同様である。ただ，国際人権諸条約に基づく主張をより詳細に展開している点が特徴的である。極めて概括的に要約すれば以下の点である。

(1)　B規約違反について

①　憲法98条2項は「日本が締結した条約及び確立された国際法規は，これを誠実に遵守することを必要とする。」と定めており，日本が締約国となった条約は，公布とともに国内的効力を生じ，少なくとも法律より上位の地位を占めるというのが，政府，裁判所，学説に共通した認識である。

②　B規約24条3項で保障する子どもの国籍を取得する権利は，原判決のいうように「主として無国籍児の一掃を目的としたもの」であるとしても，この規定は，B規約2条1項の定める無差別原則と結びついて適用されるものである。B規約27条3項で保障する子どもの国籍を取得する権利は，子どもが無国籍となる場合にはじめて適用があるのではなく，子どもの国籍取得について差別があれば，条約との関連性，条約違反の可能性がある。

(2)　児童の権利条約違反について

児童の権利条約7条では，「児童は，出生の時から氏名を有する権利及び国籍を取得する権利を有する」（1項），「締約国は，特に児童が無国籍となる場合を合めて，国内法及びこの分野における関

連する国際文書に基づく自国の義務に従い，１項の権利の実現を確
保する」（２項）と定めている。したがって，２条と併せれば，国
籍取得に関して嫡出でない子を差別することは本条約に反するもの
であるといわざるを得ない。原判決はこれらの規定の解釈適用を誤
っている。

　なお，このほかに，控訴審でも，控訴人は，現行法３条について，
嫡出子と嫡出でない子との間で国籍取得に差異を設けることをもた
らすとして，これは社会的身分による差別として許されず，無効で
ある旨主張した。

10　控訴審裁判所の判断（大阪高判平成10・9・25〔判例タイムズ
　992号103頁以下〕）

　第二審である大阪高裁は本件控訴を棄却した。その理由はほぼ一
審と同様であるが，主要な判示部分を念のために抄録する。

(1)　**現行法２条１号の解釈について**

　「旧法には，生後認知を含め，出生後の身分行為による国籍の伝
来（事後的）取得の規定が置かれたが，右規定は昭和25年の新法制
定により全面的に削除された上，昭和59年改正による現行法では，
準正による国籍の取得についての規定（３条）が新設されたのであ
る（控訴人は，右規定は嫡出子と嫡出でない子との間で国籍取得に
差異を設けることをもたらすから，社会的身分による差別として許
されず無効であると主張するが，右３条の規定自体には何らの無効
事由はなく，右主張は理由がない。）。右の準正は，父母の婚姻と父
による認知とを要件とするものであるから，控訴人の主張するよう
な解釈論（筆者注・生後認知に国籍法上も遡及効を認めて生来的日

本国籍認めるべきという解釈）を採ると，右の３条の規定は無意味
な規定ということにならざるを得ない。したがって，右のような国
籍法改正の経緯及び現行法３条の趣旨からすると，現行法は，胎児
認知はともかくとして，（生後）認知そのものを日本国籍取得事由
とはしていないこと，すなわち，国籍法上は，認知の効果を遡及さ
せないとの立場を採っていることは明らかである。準正による国籍
取得を届出の時からとし（３条２項)，帰化による国籍取得を官報
における告示の日からとし（10条２項)，出生による国籍取得と区
別していることからも，国籍法全体の趣旨として，出生による国籍
取得について，浮動性防止の考え方が採られているといえる。」

(2) 憲法14条等との適合性について

　「現行法の基本的立場は，現今の国籍立法政策上合理性を欠くも
のとはいえず（控訴人は，外国人母の母国が国籍取得につき生地主
義を原則としている場合には日本国籍を付与されないと無国籍にな
るおそれがあるというが，右の一事をもって，現行法の基本的立場
が立法政策上合理性を欠くとはいえない。)，このことに準正による
国籍取得（控訴人は，３条による届出によって準正子が母の国籍を
喪失する可能性があるというが，二重国籍が望ましくないものであ
る以上，やむを得ないことである。)や簡易帰化（控訴人は，本件
の場合には，簡易帰化の制度にはあまり期待できない旨をいうが，
帰化の要件が緩和されているのは間違いなく，その点からしても同
制度の存在意義は十分是認しうるところである。)等の補完的な制
度を具備していることも併せ考慮すると，現行法が一部の嫡出でな
い子について控訴人か指摘するような取扱いの区別をもうけたこと
には，合理的な根拠があるものというべきであって，立法府に与え

られた合理的な裁量判断の限界を超えたものということはできない。

したがって，右の区別は，憲法14条の平等原則に照らして不合理な差別ということはできないし，また，同法24条に違反するということもできない。」

(3) Ｂ規約違反，児童の権利条約違反について

「Ｂ規約２条１項，24条１項，３項の条文からは，Ｂ規約が無国籍児の一掃を目的としていることは明白であるものの，無国籍児の発生とは関係なしに（無国籍児が発生する場合ではなくても），国籍取得における非嫡出子差別をも無効とする趣旨であるかは必ずしも明らかではない。また，Ｂ規約委員会の一般的意見17の８項も，国籍取得における非嫡出子差別は無国籍児の発生をもたらすおそれがあり，Ｂ規約24条３項に違反する旨を示しているといえるが，無国籍児の発生と関係なしに，国籍取得における非嫡出子差別を違反とする趣旨までも含んでいると解することができるかについてはなお疑問があるといわざるを得ないものがある。

Ｂ規約委員会の一般的意見や各国政府よりの報告書に対する意見は，締約国の国内的機関による条約解釈を法的に拘束する効力は有しないものである。

児童の権利条約２条２項にいう「地位」は，「活動」及び「信念」と同列のものとして「表明された意見」とともに追加されたという立法経緯があることに照らすと……同条同項との関係では，嫡出・非嫡出の違いは問題にならない。また，２条１項についても，嫡出でない子に関する直接，具体的な文言を欠くところから……国籍取得における嫡出子と嫡出でない子の取扱いの違いについてまで規定していると直ちに解することはできない。

さらに，同条約7条1，2項は専ら無国籍児の一掃を目的としたものと解される。したがって，2条及び7条を併せても，国籍取得に関しては嫡出でない子を嫡出子と区別することが右条約に違反するということはできない。」

　この判決に対してもこれを不服として控訴人は最高裁に上告した。

11　上告審における上告人の主張

　上告審における上告理由の詳細は不明であるが，基本的には控訴審における主張と同様であろう。上告審の判決内容から見て，主たる上告理由は2点である。以下のとおりである。当然のことながら憲法違反を理由とするものである。

(1)　現行法2条1号の適用において認知の遡及効を否定することは，嫡出子と嫡出でない子との間で，また，胎児認知された嫡出でない子と生後認知された嫡出でない子との間で，日本国籍取得について差別するものであり，憲法14条1項に違反する。

(2)　現行法3条は，日本人である父と外国人である母との間の嫡出でない子で父が生後認知した者のうち一定の要件（①届出時に20歳未満であること，②日本国民であった者ではないこと，③認知者が出生時に日本国籍を有すること，④認知者が届出時又は死亡時に日本国籍を有すること）を満たす準正子が法務大臣に届け出ることによって，届出の時に伝来的に日本国籍を取得することを認めている。同条が，「父母の婚姻及びその認知」（準正）を伝来的国籍取得の要件とするため，上告人のように日本人である父から生後認知を受けただけの子は，帰化手続により日本国籍を取得するしかない。このように嫡出子と嫡出でない子との間で国籍取得に差異を設けること

をもたらす同条項は，社会的身分による差別として許されず，違憲無効である。

12　**上告審の判断**（最判第二小法廷平成14・11・22〔判例時報1808号55頁以下〕）

上告審においても上告人の主張は認められず棄却された。

(1)　**現行法2条1号の憲法14条違反について**

「憲法10条は，『日本国民たる要件は法律でこれを定める。』と規定している。これは，国籍は国家の構成員の資格であり，元来，何人が自国の国籍を有する国民であるかを決定することは，国家の固有の権限に属するものであり，国籍の得喪に関する要件をどのように定めるかは，それぞれの国の歴史的事情，伝統，環境等の要因によって左右されるところが大きいところから，日本国籍の得喪に関する要件をどのように定めるかを法律にゆだねる趣旨であると解される。このようにして定められた国籍の得喪に関する法律の要件における区別が，憲法14条1項に違反するかどうかは，その区別が合理的な根拠に基づくものということができるかどうかによって判断すべきである。なぜなら，この規定は，法の下の平等を定めているが，絶対的平等を保障したものではなく，合理的理由のない差別を禁止する趣旨のものであって，法的取扱いにおける区別が合理的な根拠に基づくものである限り，何らこの規定に違反するものではないからである。」

「法2条1号は，日本国籍の生来的な取得についていわゆる父母両系血統主義を採用したものであるが，単なる人間の生物学的出自を示す血統を絶対視するものではなく，子の出生時に日本人父又は

母と法律上の親子関係があることをもって我が国と密接な関係があるとして国籍を付与しようとするものである。そして，生来的な国籍の取得はできる限り子の出生時に確定的に決定されることが望ましいところ，出生後に認知されるか否かは出生の時点では未確定であるから，法2条1号が，子が日本人の父から出生後に認知されたことにより出生時にさかのぼって法律上の父子関係が存在するものと認めず，出生後の認知だけでは日本国籍の生来的な取得を認めないものとしていることには，合理的根拠があるというべきである。

　以上によれば，法2条1号は憲法14条1項に違反するものではない。」

(2)　現行法3条の憲法14条違反について

　「論旨は，嫡出子と嫡出でない子との間で国籍の伝来的な取得の取扱いに差異を設ける法3条は憲法14条に違反するというものである。しかし，仮に法3条の規定の全部又は一部が違憲無効であるとしても，日本国籍の生来的な取得を主張する上告人の請求が基礎づけられるものではないから，論旨は，原判決の結論に影響しない事項についての違憲を主張するものにすぎず，採用することはできない。」

　なお，この法3条の規定については3人の裁判官の補足意見が付されている。その趣旨とするところは，結論的には法3条が「父母の婚姻」を国籍取得の要件としたことの合理性に疑問があるという点にある。現行法の日本国籍付与の基本理念ともいうべき「親子関係」の内実を問う意見として重要な判断であるようにも思われる。そこでその意見を参考までに紹介しておきたい。

◆補足意見

　「親子関係を通じて我が国と密接な関係を生ずるという場合に国籍を付与するという基本的立場を採るならば，そのことは合理性を持っていると考える。しかしながら，法は，そのような立場を国籍取得の要件を定める上で必ずしも貫徹していない。

　確かに，子が婚姻家族に属しているということは，その親子関係を通じて我が国との密接な関係の存在をうかがわせる大きな要素とはいえる。しかしながら，今日，国際化が進み，価値観が多様化して家族の生活の態様も一様ではなく，それに応じて子供との関係も様々な変容を受けており，婚姻という外形を採ったかどうかということによってその緊密さを判断することは必ずしも現実には符合せず，親が婚姻しているかどうかによってその子が国籍を取得することができるかどうかに差異を設けることに格別の合理性を見出すことは困難である。

　しかも，その父母が婚姻関係にない場合でも，母が日本人であれば，その子は常に日本国籍を取得することを容認しているのであるから，法自身，婚姻という外形を，国籍取得の要件を考える上で必ずしも重要な意味を持つものではない，という立場を採っていると解される。そして，法２条１号によれば，日本人を父とする嫡出でない子であっても，父から胎児認知を受ければ，一律に日本国籍を取得するのであって，そこでは親子の実質的結合関係は全く問題にされてはいない。さらに，父子関係と母子関係の実質に一般的に差異があるとしても，それは多分に従来の家庭において父親と母親の果たしてきた役割によることが多いのであって，本来的なものとみ得るかどうかは疑問であり，むしろ，今日，家庭における父親と母親の役割も変わりつつある中で，そのことは国籍取得の要件に差異

を設ける合理的な根拠とはならないと考える。

　他方，国籍の取得は，基本的人権の保障を受ける上で重大な意味を持つものであって，本来，日本人を親として生まれてきた子供は，等しく日本国籍を持つことを期待しているものというべきであり，その期待はできる限り満たされるべきである。特に，嫡出子と嫡出でない子とで異なる扱いをすることの合理性に対する疑問が様々な形で高まっているのであって，両親がその後婚姻したかどうかといった自らの力によって決することのできないことによって差を設けるべきではない。既に，我が国が昭和54年に批准した市民的及び政治的権利に関する国際規約24条や，平成6年に批准した児童の権利に関する条約2条にも，児童が出生によっていかなる差別も受けない，との趣旨の規定があることも看過してはならない。

　また，我が国のように国籍の取得において血統主義を採る場合，一定の年齢に達するまでは，所定の手続の下に認知による伝来的な国籍取得を認めることによる実際上の不都合が大きいとは考えられず，これを認める立法例も少なくないのである。そして，国籍取得はできる限り確定的に決定されることが望ましいという浮動性防止の効果を過去にさかのぼらせない法3条においては，問題とならない。

　これらのことを考え合わせれば，国籍は国家の構成員の資格を定めるものであり，国籍を取得させるかどうかについての要件を定めることは国家固有の権限に属し，立法の広い裁量があることを肯定しても，法3条が準正を嫡出でない子の国籍取得の要件とした部分は，日本人を父とする嫡出でない子に限って，その両親が出生後婚姻をしない限り，帰化手続によらなければ日本国籍を取得すること

ができないという嫡出でない子の一部に対する差別をもたらすこととなるが，このような差別はその立法目的に照らし，十分な合理性を持つものというのは困難であり，憲法14条１項に反する疑いが極めて濃いと考える。」

13　若干のコメント

　以上が本件の経緯の概要である。現行法２条１号をめぐり「出生後認知」の遡及効を同条の解釈として認めるべきかどうか，という論点に関しては，第一審から上告審まで全て何らの疑問もなく否定されている。まさに間然するところがないというほどにである。それは一審，二審判決の説くとおり，昭和25年の国籍法改正の経緯，昭和59年改正により新設された準正による国籍取得規定の趣旨等現行法の構造全体を考慮すれば，「出生後認知」の遡及効を否定する結論となるのはあまりにも明白であるからであろう。その意味では，解釈論としては原告の主張が容れられる要素はなかった事案であったといえよう。問題はむしろそのような結果をもたらす国籍法の規定が憲法の平等規定との関係においても問題がないといえるかどうかという憲法適合性の有無にあったと思われる。

　つまり，現行法２条１号の適用において認知の遡及効を否定することは，嫡出子と嫡出でない子との間で，また，胎児認知された嫡出でない子と生後認知された嫡出でない子との間で，日本国籍の取得について差別するものであり，憲法14条１項に違反するとの主張である。しかし，この主張に対しても明確に憲法に違反しないとの判断を示したのである。その理由は判決に詳細に触れられているので繰り返さないが，キーワードは二つである。

一つは，日本国籍付与の要件としての「我が国と密接な関係がある出生時の日本人父又は母との親子関係の存在」を要求することの合理性である。これは我が国国籍法の採用する血統主義の内実そのものの理解と深く関わっているといえよう。「血統は，それ自体としては，単に生物としての人間の生物学的出自を示すものに過ぎないから，これを国籍付与の基準として絶対視することは適当ではない。元来，血統主義が立法政策として合理性を有する所以は，自国民の子は，通常自国民の家族に包摂されることによって，実質上自国民の社会の構成員になるので，自国の構成員とするのに適当であるとの価値評価が可能だからである。したがって，そのような評価が成立しない場合にも血統のみにより国籍を付与すべきとすることは，合理的な立法政策とはいいがたい。（細川清『改正国籍法の概要』民事月報39巻号外8頁）。」との指摘が示唆的である。

　二つは，「国籍の浮動性の防止」の要請の合理性である。生来的な国籍の取得はできる限り子の出生時に確定的に決定されることが望ましいところ，出生後に認知されるか否かは出生の時点では未確定であるから，現行法2条1号の解釈として，子が日本人の父から出生後に認知されたことにより出生時にさかのぼって法律上の父子関係が存在するものとは認めず，出生後の認知だけでは日本国籍の生来的な取得を認めないとしていることは合理的な根拠がある，とするものである。

　なお，現行法3条の規定に関する補足意見について少し触れておきたい。本件判決は，上告人の本条の違憲無効の主張に対しては，仮に，現行法3条の規定の全部又は一部が違憲無効であるとしても，日本国籍の生来的取得を主張する上告人の請求が基礎づけられるも

のではないことを理由として，この点に関する主張は原判決の結論
に影響しない事項についての違憲の主張にすぎず，採用できないと
して退けている。ただ，この点については既に紹介したとおり3人
の裁判官の補足意見が付されている。趣旨は，現行法3条の準正に
よる国籍取得の要件として「父母の婚姻」を要件としていることに
は合理性を見いだすことは困難であるとするものである。立論の基
本認識は「親子関係を通じて我が国と密接な関係を生ずるという場
合に国籍を付与するという基本的立場を採るならば，そのことは合
理性を持っていると考えるが，法はそのような立場を必ずしも貫徹
していない」というものである。その上で，そのように解する理由
が述べられているのであるが，補足意見で指摘されている，「国際
化の進展と価値観の多様化による家族関係（生活）の態様の多様
化」という現実があることはそのとおりであるとしても，その実体
がどのようなものかは必ずしも明確なものとしてとらえることがで
きるわけではないし，そのような現象を重視することが，直ちに
「日本国民の正常な家族関係に包摂され，我が国との真実の結合関
係があることが明らかになった」ことを理由とする準正子に対する
国籍付与という現行国籍立法の価値理念と整合性を持つものかは，
なお慎重な検討が必要ではないかと思われる。さらに補足意見は日
本人父が胎児認知をした場合に日本国籍の生来的取得が認められる
が，そこでは「親子の実質的結合関係は全く問題にされていない」
とする。この点も，出生前に父から認知があった場合には，父子関
係の実際は通常の嫡出でない子の父子関係と異なると考えられるこ
とを考慮するとそのような批判が必ずしも妥当するものとはいえな
いように思われる。さらに補足意見は「父子関係と母子関係」の役

割変化という現実を指摘して，父子関係と母子関係のありようで国籍取得の要件に差異を設けることは合理的根拠とはならないとする。加えて，嫡出でない子の法的地位に関する問題意識の高まりやわが国が批准した国際条約の趣旨等も踏まえて現行法３条の規定の合理性に疑問を提起している。いずれも重要な指摘であるが，こうした見解が立法において結実するためには，「血統主義」を立法政策としてどのような形で具現化するかという根本的な問題の対応が前提になるように思われる。いずれにしても今後の課題として重く受け止められるべきであろう。すでにそのような問題意識のもとに同旨の見解が学者によって示されていることも周知のとおりである。

14 平成９年10月17日最高裁第二小法廷判決の事案及び平成15年６月12日最高裁第一小法廷判決の事案について

さて関連する現行法２条１号の解釈をめぐる重要な判例として平成９年10月17日最高裁第二小法廷判決（判例時報1620号52頁以下）と平成15年６月12日最高裁第一小法廷判決（最高裁ホームページ・裁判例情報）がある。いずれも本稿の主題の理解に欠かせないものであると思われるので，その要旨を参考までにここで紹介しておきたい。

まず，平成９年10月17日最高裁第二小法廷判決の事案である。

事案は，日本人である夫Ｂと婚姻関係にあるが２年以上前から別居中の韓国人であるＡの子として出生した甲が，出生の約３か月後にＢとの間の親子関係不存在確認の調停を申し立て，その約半年後で当該親子関係不存在を確認する審判が確定した12日後に，日本人である実父Ｃが甲を認知し，Ａが甲の出生届を提出した事案で，甲

が，国に対し，日本国籍を有することの確認を求めた事件である。

　この事件で最高裁第二小法廷は，要旨以下のように判示したのである。

　「国籍法においては認知の遡及効は認められていないと解すべきであるから，出生後に認知がなされたというだけでは，子の出生の時に父との間に法律上の親子関係が存在していたということはできず，認知された子が同法２条１号に当然に該当することにはならない。しかし，戸籍の記載上，嫡出の推定がされない場合には，胎児認知という手続を執ることにより，子が生来的に日本国籍を取得するみちが開かれているのに，右推定がされる場合には，胎児認知の手続を適法に執ることができないため，右のみちがないとすると，同じく外国人の母の嫡出でない子でありながら，戸籍の記載いかんにより著しい差があることになるが，このような著しい差異を生ずるような解釈をすることに合理性があるとはいい難い。したがって，できる限り右両者に同等のみちが開かれるように，同号の規定を合理的に解釈適用するのが相当である。そのような見地からすると，外国人である母の嫡出でない子が日本人である父によって胎児認知されていなくても，右嫡出でない子が戸籍の記載上母の夫の嫡出子と推定されるため日本人である父による胎児認知の届出が受理されない場合であって，右推定がされなければ父によって胎児認知がされたであろうと認めるべき特段の事情があるときは，右胎児認知がされた場合に準じて，同号の適用を認め，子は生来的に日本国籍を取得すると解するのが相当であり，右の特段の事情があるというためには，母の夫と子との間に親子関係の不存在を確定するための法的手続が子の出生後遅滞なく執られた上，右不存在が確定されて認

知の届出を適法にすることができるようになった後速やかに認知の届出がされることを要する。」（判例時報1620号53頁）。〔アンダーラインは筆者〕。

　民法の親子関係に関する規定を受けて，それを手続的に明らかにする過程で避けられない手続的規制（嫡出推定を受ける子についての「胎児認知」手続を執ることの不可能性）の中から生じる不合理な結果の救済という面からの工夫に満ちた判断として，意義深い判決として受け容れられていることは周知のところである。

　しかし，改めて説くまでもないが，本件は「生後認知」による日本国籍の生来的取得をストレートに認めたものではなく，実質的には「胎児認知」が不可能な事情の存在する一定の場合に限り，生後認知の特定のケースについて極めて限定的に「胎児認知」に準ずる効果を認めたものである。もちろんこれを目して例外的に生後認知についても日本国籍取得の可能性を是認したものだと解しても同様であるが，それは説明の差異に過ぎない。むしろ本判決も，国籍法においては認知に遡及効がないことを明らかにした点にも留意されるべきであろう。

　次に，平成15年6月12日最高裁第二小法廷判決の事案である。本件の論点は前記最高裁平成9年10月17日判決が示した胎児認知がされていなくても，現行法2条1号により日本国籍を取得する場合の要件，とりわけ「外国人である母の嫡出でない子が戸籍の記載上母の夫の嫡出子と推定されるため日本人である父による胎児認知の届出が受理されない場合であって，右推定がされなければ父により胎児認知がされたであろうと認めるべき特段の事情」の存在が肯定できるものであるかどうかにあった。

　事案は以下のとおりである。韓国人であるＢ女は，平成２年12月
３日，日本人であるＣ男と婚姻し，同３年２月４日，両人の間に長
女が出生した。Ｂ女は，平成７年１月ころ，Ｃ男と別居し，Ｃ男か
ら署名押印のある離婚届の交付を受けたが，長女の親権及び養育問
題について合意することができなかったため，離婚届を提出するこ
とができなかった。

　Ｂ女は，平成９年８月ころ，Ｃ男との間で上記の問題について合
意が成立したのを受けて，離婚届の提出につきＣ男の最終意思を確
認しようとした。しかし，そのころには，Ｃ男が一方的に連絡して
くるだけで，Ｂ女の方はＣ男の所在を把握することができなくなっ
ており，結局，Ｃ男に連絡を取ることができなかったため，Ｃ男の
意思を確認することができないまま，同年９月25日離婚届を提出し
た。

　Ｂ女は，平成７年５月ころ，日本人であるＤ男と知り合い，交際
を続けていたところ，Ｄ男との間に上告人を懐胎し，同９年９月26
日，帝王切開により上告人を出産した。

　Ｂ女は，出産後，母体保護のため約２週間入院し，退院後も長女
の通学の送迎等しながら自宅療養を続けていたが，平成10年３月こ
ろ，弁護士に相談し，Ｃ男と上告人との間の親子関係の不存在を確
定するための法的手続を執るためにＣ男の所在を調査した。しかし，
結局，Ｃ男の所在が判明しないので，Ｂ女は，同年６月15日，上告
人の親権者として，上告人のＣ男に対する親子関係不存在確認の訴
えを提起し，Ｃ男に対しては公示送達がされた上，同年10月20日，
上記親子関係が存在しないことを確認する判決が言い渡され，同年
11月５日，同判決は確定した。

D男は，平成10年11月9日，上告人を認知する旨の届出をした。
なお，D男は，知人である弁護士に種々相談したものの，C男と上
告人との間の親子関係の不存在を確定するための法的手読を執って
いない。

　このような事実関係のもとにおいて，上告人が日本国籍を有する
ことの確認を求めたのが本件である。

　これに対して第一審は上告人の請求を認容したが，原審（第二
審）は第一審判決を取り消して上告人の請求を棄却した。その理由
は，前記最高裁平成9年10月17日判決の示した要件のうち，「母の
夫と子との間の親子関係の不存在を確定するための法的手続が子の
出生後遅滞なく執られた」ということはできないとするものであっ
た。

　これに対して上告審たる最高裁は，上告人の請求を認容すべきも
のとした第一審判決を正当として上告人の日本国籍取得を是認する
判断を示したわけである。その理由は以下のとおりである。

　「一般的には，子の出生後8か月余を経過して親子関係の不存在
を確定するための法的手続が執られたとしても，これが遅滞なくな
されたものということは困難である。しかしながら，上記事実関係
によれば，B女は，帝王切開により上告人を出産し，退院後も長女
と上告人を養育しながら，自宅療養を続けていたというのであり，
また，出産を間近に控えた平成9年8月ころには，C男からの連絡
を待つだけで，B女の側からC男に連絡を取ることはできない状態
になっていたところ，B女は，同10年3月ころ，弁護士に相談し，
C男と上告人との間の親子関係の不存在を確定するための法的手続
を執ることとし，そのために約3か月間C男の所在を調査したが，

結局，C男の所在が判明しないので，同年6月15日に至り，上告人の親権者として，上告人のC男に対する親子関係不存在確認の訴えを提起し，C男に対しては公示送達がされたというのである。これらの事情に照らせば，上告人の出生から上記訴えの提起までに8か月余を要したのもやむを得ないというべきであり，本件においては，C男と上告人との間の親子関係の不存在を確定するための法的手続が上告人の出生後遅滞なく執られたものと解するのが相当である。

そして，上記事実関係によれば，D男は，C男と上告人との間の親子関係の不存在を確認する判決が確定した4日後に上告人を認知する旨の届出をしたというのであるから，上記認知の届出が速やかにされたことは明らかである。そうすると，本件においては，客観的にみて，戸籍の記載上嫡出の推定がされなければD男により胎児認知がされたであろうと認めるべき特段の事情があるということができ，このように認めることの妨げとなる事情はうかがわれない。したがって，上告人は，日本人であるD男の子として，国籍法2条1号により日本国籍を取得したものと認めるのが相当である。」

もっとも，この判決には，一人の裁判官の反対意見が付せられている。

「上記判決（平成9年10月17日判決）が子の出生後遅滞なく親子関係の不存在を確定するための法的手続が執られることを要するとした趣旨からすれば，手続を執ることの支障となる事情があったとしても，そうした事情がある限り，いつまでも生来的な国籍取得の主張をすることができると解することは適当ではなく，出生後一定の期間経過後は，事情のいかんを問わず，法的手続が遅滞なく執られたとはいえないと解すべきである。本件においては，上記判決が

遅滞なく法的手続が執られたとした3か月強を大幅に超える8か月21日が経過した後に，親子関係不存在確認の訴えが提起されたものであり，母の出産後の健康状態も優れなかったなどの事情があったとしても，上告人の出生後遅滞なく法的手読が執られたものということはできない。」

　いずれにしても具体的な事情の価値判断の問題であるが，国籍法上認知の遡及効を認めない解釈の合憲性と国籍立法の妥当性を是認する立場からは反対意見の説くところにより説得力があるようにも思われる。しかし，具体的事情の内容いかんによっては本件のようなケースでも「遅滞なく」の要件を充たすものとした判断は，今後の類似事例に大きな影響を及ぼすものであろう。

　しかし，本件判決も平成9年10月17日判決の立場を当然の前提としていることは明らかであり，その意味で当然のことながら，平成14年11月22日判決と整合性を有していることはもちろんである。

[15]　終わりに

　今回の最高裁判決により，現行法2条1号に関する現行実務の解釈の正当性が確定的に肯定されたことになりその意義は大きい。憲法適合性についても，最初の判断として重要な意義を有するものである。

　本判決と前記平成9年10月17日判決及び平成15年6月12日判決とを総合すると，父母のいずれか一方が外国人で他方が日本人の子が，現行法2条1号により，生来的に日本国籍を取得するのは，子の出生時に日本人である父又は母と法律上の親子関係がある場合に限られることになる。日本人父による生後認知では，特別の事情の存在

する場合以外は同条同号の適用はないということになろう。

　具体的には，以下の場合ということになる。

① 日本人父の嫡出子（法例17条参照・準拠法→日本法→民772条→嫡出推定→出生により嫡出父子関係成立）

② 日本人母の嫡出子（法例17条参照・準拠法→日本法→民772条→嫡出推定→出生により嫡出母子関係成立）

③ 日本人母の嫡出でない子（法例18条1項参照・準拠法→日本法→母子関係は分娩の事実のみで生じる〔最判昭和37・4・27・民集16巻7号1247頁〕）

④ 日本人父が胎児認知した嫡出でない子（法例18条1項参照・準拠法→日本法→父子関係の発生→認知が必要〔民779条以下参照〕）

⑤ 日本人父と外国人母との間の嫡出でない子で，戸籍の記載上母の夫の嫡出子と推定されるため，血縁上の日本人父による胎児認知の届出が受理されない場合であって，その推定がされなければ当該父により胎児認知がされたであろうと認めるべき特段の事情があるとき（前記最高裁平成9年及び平成15年判決の事例等）である。

戸籍誌747号（平成15年8月）所収

⑤ 虚偽の届出による養子縁組無効とある刑事被告事件—縁組による氏変更の効果を利用した文書偽造・詐欺等被告事件から—

□1 はじめに

　近年，当事者の知らない間に，無関係の第三者との養子縁組届出等がされるなどの事件が各地で発生し，大きな社会的関心事となったことは未だ記憶に新しい。しかもそうした事件の多くの動機が，金融を得る手段として利用されるという極めて現代的な特徴をもつものであった。

　戸籍制度の信用度を逆手にとったこうした事件の未然防止策の構築は，戸籍事務関係者にとっても緊急の課題であった。既に法務当局においては「戸籍の届出における本人確認等の取扱いについて」（平成15・3・18民一第748号民事局長通達）と題する通達を発出しており，その趣旨に沿った取扱いが全国の市町村で展開されているところである。その成果であろうか，近時この種の事件の発生したことを筆者は寡聞にして知らない。

　また，関連して，不幸にして虚偽の届出事件に巻き込まれ戸籍に不実の記載をされるという被害を被った被害者のためには，戸籍法及び同法施行規則の一部が改正され（平成14年法律第174号・平成14年法務省令第59号），虚偽の届出によって不実の記載がされ，かつ，その記載につき訂正された戸籍について「申出による戸籍の再製」の制度が導入された（戸11条の2及び平成14・12・18民一第

3000号民事局長通達参照）。

　このように，この種の事件についての対応策の一環として，虚偽届出の水際での阻止とその阻止をかいくぐり虚偽の記載に至った場合の訂正戸籍の再製という両面からの措置が講じられるに至ったのである。

　ところで，最近縁組意思を欠く無効な養子縁組をした者が，縁組後の氏名により消費者金融業者借入基本契約書申込書等を提出して，キャッシングカードの交付を受けた事案についての刑事被告事件で，そうした行為について，有印私文書偽造，同行使，詐欺の罪が成立するとして被告が実刑判決を受けた旨の裁判例に接した（東京地裁平成15・1・31判決〔控訴〕事案・判例時報1838号158頁）。

　事案は刑事事件ではあるけれども，養子縁組という身分行為の性質，無効原因，無効の性質，無効の主張方法，戸籍訂正方法等関連した問題を考えるに際しても，有益な裁判例であるように思われる。そこで，この事件を読者に紹介しつつ関連する民事上の問題点について素描しようとするのが本稿の目的である。叙述の順序としては，まず養子縁組の無効等についての基本的論点について触れたあとで，前記刑事事件判決の内容を紹介することにしたい。

② 養子縁組の無効原因

　養子縁組の無効原因については，民法第802条が規定している。つまり，①縁組意思が欠如している場合（同条1号）と，②縁組の届出が欠如している場合（同条2号）である。しかし，届出がなければ形式上（法律上）縁組は存在しないのであるから，届出がなければ縁組は成立していないのであって，無効ではないと解するのが

一般である。したがって，無効原因として重要なのは，①の縁組意思の不存在の場合だけということになる。そしてこの場合には，届出されていることが前提になっているから，「縁組意思」の有無を検討するに際しては，縁組の届出をする意思との関連をぬきにして考えることはできないことになろう。以下，判例等を素描してみよう。

(1) **届出意思を欠く縁組**

縁組は，当事者の合意及びこれに基づく届出によって成立するものであるから，縁組の届出がされ，それが受理されていても，当事者の一方又は双方に縁組の届出をする意思がないときには，「縁組をする意思」がないものとして無効であることは明らかである。

当事者不知の間に届出がされた場合が，もっとも典型的な例といえよう。判例にも「民法ハ当事者ニ縁組ノ意思ナキ事由ヲ一定セス単ニ『人違其他ノ事由ニ因リ』ト規定セルカ故ニ届出ニ表示セシ当事者ニ対シ人違ナルカ故ニ其意思ナシトスル場合ハ勿論単ニ其者ニ対シテ縁組ノ意思ナキ場合ヲモ包含スヘキコトハ当然ナリトス」（大判明治38・12・5民録11輯1629頁），「民法第851条〔現802条〕第1号ニ依リ養子縁組カ無効ト為ルニハ縁組ノ届出其他縁組ノ効力ヲ生スル外形ノ存在スヘキハ勿論ナルモ当時者間ニ縁組ヲ為ス意思ナキコトハ人違其他ノ事由ニ因ルヲ以テ足ルカ故ニ当事者ノ不知ノ間ニ外形上縁組ノ当事者ト為リ居ルトキト雖モ同条ニ依リ無効ト為ル場合アルコトハ論ヲ俟タス」（大判明治40・11・6民録13輯1093頁）がある。

(2) **実体的意思を欠く縁組**

縁組意思の内実に関しては，同じく創設的身分行為である婚姻の

場合における婚姻意思とは必ずしもパラレルではない。つまり，婚姻におけるほどにその定型性が認められるとは限らないからである。しかし，判例・通説に従えば「縁組意思」とは，親子関係を成立せしめる意思，すなわち社会通念上親子と認められるごとき関係を創設せしめる意思と解されている。講学上いわゆる実体的意思説・実質的意思説といわれている立場に立つ理解である。いささか抽象的な定義づけではある。判例も例えば「真に養親子関係の設定を欲する効果意思がない場合においては，養子縁組は……無効である」（最判昭和23・12・23民集 2 巻14号493頁）としているし，学説でも「習俗的標準に照らして親子と認められるような関係を創設しようとする意思」（中川善之助「親族法〈下〉」409頁）とか「民法上の養親子関係の定型に向けられた効果意思」（中川高男「親族・相続法講義」220頁）と説かれている。もっとも，最近は実質的意思か形式的意思かという基準ではなく，「養子であることの法的効果を全面的に享受する意思」があるかどうかをメルクマールとすべきだという見解もある（内田貴「民法Ⅳ」253頁）。ただし，この説も婚姻と養子縁組の違いに着目して，養子縁組特有の判断が必要となる場合のあることを指摘している点に留意する必要がある。

いずれにしても，届出意思の欠如，実体的意思の欠如のいずれの側面からも，本人不知の間にされた縁組が無効であると判断されることに異論はない。

③ 虚偽の届出の受理と戸籍の処理

ところで，当事者の双方又は一方に縁組意思が欠如している届出であるにもかかわらず，当該届出が受理されるという事態は，実質

審査権が義務づけられていない現行法のもとでは，当該届出の真正に疑念を抱かせる特段の事情がない限り不可避的なものであることも認めざるを得ない。したがって，時としてそのような届出が「受理」されると，それに基づく戸籍の処理が行われ，形式的・外形的には戸籍上養子縁組が存在する結果となる。

すなわち，養子縁組に関する事項は，縁組の各当事者の身分事項欄に記載する扱いであり，養子縁組の効果として，養子は，養親の氏を称して（民810条本文），養親の戸籍に入籍し，あるいは新戸籍を編製するので（戸18条3項，同20条），それぞれ入除籍の手続が行われることになる。もっとも，養子が婚姻によって氏を改めた者で，婚姻の際に定めた氏を称している間は，養子は，養親の氏を称することなく，引き続き従前の氏を称する（民810条ただし書）ので，婚姻中の戸籍に在籍のまま，養子の身分事項欄に縁組事項を記載するにとどめる扱いとされている（参考記載例55参照）。そして，いずれの場合にも，養子の父母欄に続いて養親の氏名及び養親との続柄が記載される（戸13条5号）。

4 養子縁組無効の性質

縁組の無効の性質の理解については学説は分かれており，一部の学者は，判決又は審判によって創設的に無効となると主張する。講学上，形成訴訟説と呼ばれているものである。しかし，判例は，縁組の無効は法律上当然かつ絶対的な無効であるから，判決その他の特別の手続を経ずに，いつでもまた主張する利益のある限り何人からでも無効の主張をなしうるものとしている。つまり，この無効の主張は裁判上・裁判外でもすることができ，訴訟においても本案の

請求はもとより，抗弁としても主張しうるとする。例えば，「無効な養子縁組は，戸籍簿に登録されてもこれにより何らの効力を生ずるものではなく，依然無効である」（大判大正4・10・18民録21輯1651頁），「本条〔民802条〕に無効とあるのは，絶対的無効であり，何人でも主張することができる」（大判大正7・7・5法律新聞1474号18頁），「養子縁組ノ無効ハ人事訴訟手続ニ因ル確定ヲ待タス又戸籍簿ノ記載ニ拘ラス何時ニテモ何人ニ於テモ之ヲ主張スルコトヲ妨ケサルモノトス」（大判昭和15・12・6民集19巻2182頁），「養子縁組の無効は人事訴訟手続による確定または戸籍の訂正をまたず，民事にかかる別訴あるいは刑事訴訟における前提問題として，別個独立に主張，判断しうるものと解すべきである」（最三判昭和38・12・24刑集17巻12号2537頁）などがある。こうした立場を前記の形成訴訟説に対して，確認訴訟説と呼んでいる。実務もこの立場に立ち，学説の多くもこれを支持している。

⑤ 縁組無効と戸籍

縁組無効の法的性質を前記の判例の確認訴訟説に立って理解するとしても，現実にされている不実の養子縁組にかかる戸籍記載をそのままにしていたのでは，根本的な解決とはならない。判例によれば，縁組の無効の主張を裁判上又は裁判外ですることができるから，例えば相続回復その他の訴訟において，縁組無効の審判や確定をまつことなく，利害関係人は前提問題として無効を主張することは可能である。しかし，より現実的な問題として見れば，届出によって縁組事項が戸籍に記載されている以上は，この記載を抹消しかつ原状回復するのでなけれは問題解決とはならないであろう。戸籍の記

載を前提とした形式的判断に基づいて進められる行政その他の分野はすこぶる多いし，何よりも不実の記載をされた当事者にしてみれば，戸籍の原状回復こそが問題解決の基本であるからである。

　もっとも，この場合の「原状回復」は，手続法的な意味でのそれを意味するものであるが，それには二つの意味がありうる。一つは，不実の記載を訂正することによって，「不実の記載の消除」をするという意味での「原状回復」である。戸籍法が予定する「原状回復」は，これを原則としているといえよう。しかし，戸籍の訂正に際しては，身分事項欄に，訂正の趣旨及び事由を記載することが要求されているため（戸規44条参照），基本的には訂正後もこの記載は残ることになる。そこで，今一つは，そのような訂正事項の痕跡すらも残さない戸籍を再製するという意味での「原状回復」が考えられる。平成14年の戸籍法改正で新たに認められた「申出再製」制度（戸11条の2参照）がそれである。これは当然のことながら，戸籍法に規定する訂正手続規定による訂正がされた戸籍であることが前提となっていることは，いうまでもない。

　そこで，当面の問題に即して考えると，まず縁組の無効を主張して縁組無効の判決・審判を求めることが，戸籍訂正の前提として必要となる。もっとも，縁組無効による戸籍訂正も無効が戸籍面上明らかな場合（例えば代諾権のない者の代諾による縁組の場合）には，戸籍法114条の手続により，無効が戸籍面上明らかでない場合（例えば届書偽造の場合）には，戸籍法116条の手続によりそれぞれ訂正される扱いである（昭和26・2・10民甲209号民事局長回答）。学説にも，同様の見解がある（田中加藤男「戸籍訂正に関する諸問題の研究」149頁以下）。虚偽の届出に基づく場合は，原則として戸籍

法116条の手続によることになろう。

6　縁組無効の紛争解決方法（新人事訴訟法の施行）

　ところで，周知のとおり，平成16年4月1日から旧人事訴訟手続法に代わり，新人事訴訟法が施行されることになった。結論的にいえば，いわゆる人事訴訟（新人訴法2条参照）に属する事件（縁組無効の訴え等）は，従来の地方裁判所の管轄から家庭裁判所に移管されることになった。そこで，従来の扱いも視野に入れつつ，新人事訴訟法の下でのプロセスを縁組無効を題材にして簡単に説明してみたい。

　まず，縁組無効の確認を求めるためには，いわゆる調停前置主義（家審法17条・18条）の拘束を受けることになるので，縁組無効の主張をする者は，まず家庭裁判所に対して養子縁組無効の調停を申し立てなければならない。この調停において，当事者間に合意が成立し，縁組の無効原因の有無について争いがない場合には，家庭裁判所は，必要な事実調査をした上，家事調停委員の意見を聴き，正当と認めるときは，縁組の無効に関し当該合意に相当する審判をすることになっている（家審法23条）。

　留意すべきは，「人事訴訟」の家庭裁判所移管後も，前記の調停前置主義は維持されるということである。さらに，家事審判法23条に定める特別の審判制度も，そのまま維持されることになっている。つまり，基本的には，人事訴訟の家庭裁判所移管後も，従来の家事調停に大きな変化はないものとみてよいと思われる。

　ところで，前記の「合意」の法的性質については，見解の対立がある。実体法説は，実体法上の身分関係に関する合意，すなわち身

43

分行為を無効にしたり，取り消したり，身分行為の存否を決したりすることについての合意とする見解である。手続法説は，人事訴訟手続によらないで，申立ての趣旨の審判を受けることについての合意とする見解である。両性説は，実体的身分関係の合意であるが，身分法上の法律効果を直接生じない事実上の合意であり，かつ，審判手続上，手続条件たるべきものとする見解である。実務上の通説は，手続法説とされているが，最近は両性説も有力となっていると説かれている（「判例家事審判法」家事審判研究会編115頁）。

　この審判に対して，2週間以内に異議の申立てがなければ，この審判は確定判決と同じ効力をもつことになる（家審法25条3項）。他方，この審判に対して適法な異議の申立てがされると，審判は効力を失うことになっている（家審法25条2項）。無効を主張する者は，平成16年4月1日以降であれば，家庭裁判所に縁組無効の訴えを提起することになる（新人訴法4条参照）。新人事訴訟法の施行前（平成16年4月1日前）に，旧人事訴訟手続法に基づき地方裁判所に提起されている事件については，旧法に従うことになっている（新人訴法附則4条〜9条参照）。若干の関連事項について敷衍しておきたい。

　まず，縁組事件の管轄であるが，旧法では養親が普通裁判籍を有する地又はその死亡の時にこれを有した地の地方裁判所の管轄に専属するものとされていた（旧法24条）。しかし，この点について新人事訴訟法では，人事訴訟全般について，当該訴えに係る身分関係の当事者が普通裁判籍を有する地又はその死亡の時にこれを有した地を管轄する家庭裁判所の管轄に専属することと定めている（新人訴法4条1項）。このような改正がされた理由は，縁組事件の審理

に際して，証拠資料の存在（当事者や証人等）という観点からは，養親・養子それぞれの住所地に大きな差異はないと考えられること，さらに，第三者が養親子関係を争って訴えを提起する場合で，養親が死亡しており，養子のみが被告となるような場合には（新人訴法12条2項参照），養親の住所地が審理をするのに適切な地であるとは必ずしもいえないということも考慮されたものであろう。かくして，縁組事件においては，養親又は養子の普通裁判籍の所在地等を基準として土地管轄を認めることとされたものである。

　次に，縁組無効の訴えを提起しうる者（原告）は，縁組当事者，その親族等無効確認の利益を有する者である。新人事訴訟法でも，人事訴訟における一般的な原告適格については規定されていない。これは確認の訴えにおける「確認の利益」の存否という問題との関連で解釈に委ねる部分があることから，一般的な規定は置かれなかったようである。

　これに対して，被告適格については明文の規定が設けられている（新人訴法12条参照）。縁組無効事件に即していえば，①縁組当事者の一方が提起する場合は他方当事者（同条1項）。②第三者（当該縁組関係の当事者以外の者）が提起する場合は，その縁組関係の当事者双方を被告とし，仮に，その一方が死亡している場合には，生存する他方のみを被告とする（同条2項）。③前記①②で被告とすべき者が死亡して，被告とすべき者がいない場合は，検察官を被告とする（同条3項）。この点は，実質的には従前と同様であるといえよう。

　さて，縁組無効確認訴訟では，「縁組意思の存否」をめぐって審理が展開されることになる。そして，縁組無効確認の判決が確定す

ると，縁組は当初から無効であったことが確定し，訴訟当事者のみならず第三者もこの縁組が有効であることを主張しえなくなる。判決の対世的効力と呼ばれているものである（新人訴法24条1項）。判決がこの対世的効力を生じる点も，従前と同様の扱いである。そして，対世的効力を有するのは，請求認容の本案判決及び棄却の判決とするのが通説である。なお，判決に不服のある場合の控訴についても，規定が設けられている（新人訴法29条）。

　なお，新人事訴訟法では，検察官が被告となった人事訴訟において，訴訟の結果により相続権を侵害される第三者（利害関係人）を訴訟に参加させることが必要であると裁判所が認めたときは，被告（検察官）を補助させるため，決定で，その利害関係人を訴訟に参加させることができる制度が創設されている（新人訴法15条1項）。真実発見の見地からの措置であると理解できよう。

　関連して，裁判所書記官による判決確定の通知について触れておきたい。平成15年11月12日に公布された人事訴訟規則（平成15年最高裁判所規則第24号）には，戸籍の届出又は訂正を必要とする事項について，人事訴訟の判決が確定したときは，裁判所書記官から戸籍事務管掌者へ通知しなければならない旨の規定が設けられている（人事訴訟規則17条）。周知のとおり，判決に基づく届出や戸籍訂正は原則として当事者が行うものであるが，戸籍事務管掌者は届出を怠った者がある場合には，届出義務者に催告する等して速やかな届出をさせ戸籍の記載を整序する必要があるため，その原因が発生したことを通知することとされたものである。現行家事審判規則143条に倣って規定されたものであり，その趣旨を同じくするものである。ちなみにこれまでは，判決手続による場合には裁判所書記官に

よる通知の制度はなかったが，人事訴訟が家庭裁判所の職分管轄とされたことに伴い，調停手続による場合と同様の扱いとされたものである。

7 戸籍訂正

　縁組無効の場合には，縁組取消しの場合の届出のような規定（戸69条による同63条の準用）がない。したがって，縁組無効の戸籍訂正をする必要があるとき（戸籍記載の完了している場合）は，縁組無効の判決（審判）の確定をまって，戸籍法116条の規定による戸籍訂正の方法によって戸籍を訂正することになる。虚偽の届出による縁組無効の場合には，「戸籍記載の錯誤が戸籍面上明らかでなく，かつ，戸籍訂正の結果身分に重大な変更をきたすような場合には，確定判決によって戸籍訂正をするのが相当である」（大正11・6・7民事2156号民事局長回答）に該当するからである。

　この戸籍訂正によって，戸籍を縁組がなかったのと同じ状態に回復させることになるので，縁組により入籍又は新戸籍を編製された養子は，従前の戸籍に回復させられることになるわけである（昭和7・7・8民事甲709号民事局長回答・昭和19・3・6民事甲124号民事局長回答等）。

　例えば，単身者が無関係の夫婦を養親とする虚偽の縁組届をし，それが受理されて戸籍の記載がされた場合に，当該縁組無効の裁判（審判）が確定した場合であれば，①養子の縁組前の戸籍について養子の従前の身分事項欄に養子縁組無効の裁判（審判）確定の旨と縁組事項の記載が消除され，②養親の戸籍について，(a)養父母の各身分事項欄に縁組無効の裁判（審判）確定の旨と縁組事項の記載が

消除され，(b)同籍する養子の身分事項欄にも同様に縁組無効の裁判（審判）確定の旨と同戸籍からの消除の旨が記載されることになっている（戸籍法定記載例207〜209参照）。なお，その際，朱で訂正すべき記載を消さなければならないこととされている（戸規44条・同規付録第9号様式参照）。

⑧ 訂正された戸籍の再製

　訂正された戸籍について，一定の場合に「申出による再製」の制度が導入されたことは周知のとおりである（戸11条の2・戸規10条）。また関連する基本通達として平成14年12月18日付け法務省民一第3000号民事局長通達が発せられ，具体的な事務取扱いの指針が示されている。法改正・通達発出の背景を考慮すれば，虚偽の届出による不実の縁組等の記載とその訂正のされた戸籍が典型的な対象事例であることは明らかである。

　再製の要件は，①虚偽の届出により不実の記載がされたこと，②戸籍訂正手続により不実の記載について訂正がされていること，③当該戸籍に記載されている者からの申出があったこと，の三つである。この要件を充たせば，原則として「訂正にかかる事項」を除いて戸籍の記載事項を移記する方法によって再製されることとされている（前記通達第4参照）。つまりは，不実の記載のされていなかった原状に回復することになるわけである。

9 　縁組意思を欠く無効な養子縁組をした被告人が，縁組後の氏名により消費者金融業者借入基本契約書申込書等を作成提出して，キャッシングカードの交付を受けた事案について，有印私文書偽造，同行使，詐欺罪が成立するとされた事例（東京地判平成15・1・31（控訴）〔判例時報1838号158頁〕）

　さて，本件は，自己名義では消費者金融業者から融資を受けることができなくなっている被告人が，知人から養子縁組をして姓（氏）を変えれば融資を受けることができると聞き，その知人に頼んで必要事項が記載された届出用紙を受け取って，自己が養子となる虚偽の養子縁組届出をしてその姓（氏）を変えた上，運転免許証の再交付を受け，消費者金融業者二社に融資の申込みをし，その際，前記運転免許証を提示するとともに申込書類に養子縁組後の氏名を記載して偽造した上，これを提出，提示して行使し，キャッシングカード二枚を騙し取り，そのカードを使用して消費者金融業者の現金自動入出金機から現金を引き出して窃取したなどの行為について，有印私文書偽造，同行使，詐欺，窃盗等の犯罪の成立が問われた事案である。

　この事件で被告弁護人は，①有印私文書偽造，同行使，詐欺について，被告人が戸籍上の氏名（養子縁組の効果として変更したとする氏名）であった当時に行われた行為であり，被告人は他人の名義を使用し，あるいは他人になりすましたものではなく，民法上は無効であっても，戸籍上の「氏名」を用いてその「氏名」で行動しているものであること，②各被害会社は，戸籍の外観によって形式的に顧客となろうとする者を識別し，顧客として受け入れるかどうか

を決定しているのであるから，戸籍上の氏名を表示している者自体を被告人であると認識することに錯誤はなく，いずれについても犯罪は成立せず無罪であると主張したようである。これに対して，本件判決は以下のように説いて各犯罪の成立を肯定した。

「そこでまず，私文書偽造罪及び同行使罪の成否について検討するに，上記認定の事実によれば，サラ金業者である各被害会社にとって，融資の申込に際して行う審査の目的は，戸籍の外観によって形式的に顧客となろうとするものを特定，識別するに止まらず，上記各事項を確認することによって，返済の意思や能力など，当該申込者の人格そのものに帰属する経済的信用度を判断し，申込者が融資を受ける適格を有する者か否かを判断することにあると解されるのであるから，その審査にとって極めて重要な判断資料として機能する本件各申込書は，社会通念上はもとより，取引信義則上も，申込者の人格に帰属する経済的信用度を誤らせることがないよう，その人格の本来的帰属主体を表示することが要求され，その帰属主体を偽ることが許されない性質の文書というべきである。

また，当事者間に縁組をする意思がないとき，養子縁組は無効であるが（民法802条1号），ここでいう縁組意思とは，実質的な縁組意思，すなわち，真に親子関係と認められるような身分関係の設定を欲する効果意思を意味し，かかる意思を欠く場合，縁組が無効であることはもとより，縁組の有効性を前提とする氏の変更（民810条）の効果も生じないというべきであって，上記認定の事実によれば，被告人Bと全く面識がなく，その了解を得てもいないのに本件養子縁組を行ったものであるから，本件養子縁組は，縁組意思を欠く無効なものであって，被告人の氏をB姓とする氏の変更の効果も

生じないことは明らかである。

　そうすると，本件において融資適格者ではない被告人が，Ｃ名義
を用いて判示第一の一の『極度借入基本契約書』及び同三の甲田カー
ド会員入会申込書兼顧客カード（無人契約機用）と題する各書面
を作成した行為は，当時の被告人の戸籍上の記載に基づく表示であ
ったとしても，本件養子縁組が無効である以上，各被害会社に対し，
以降の融資契約等の法律効果の帰属主体を，本件養子縁組以前のＡ
すなわち被告人とは別個の人格であるＣと偽り，その結果，融資契
約等の法律効果が帰属する人格の経済的信用度を誤らせるもので，
虚偽の人格の帰属主体を表示し，各文書の作成名義を偽るものにほ
かならず，いずれについても有印私文書偽造罪が成立する。またそ
のような偽造にかかる本件各申込書を各被害会社の担当者に提出，
提示して閲覧させる行為は，いずれも偽造有印私文書行使罪に該当
する。

　次に，詐欺罪及び窃盗罪の成否について検討する。前記認定の事
実関係に加えて関係各証拠によって認められる事実関係を総合すれ
ば，被告人は，本件申込書等を偽造，行使することによって，故意
に融資契約等の法律効果の帰属主体を偽り，その結果，各被害会社
の担当者は被告人が融資不適格者であるＡではなく，融資適格者で
あるＣと誤信し，被告人にキャッシングカードをそれぞれ交付した
と認められるのであって，被告人には各キャッシングカードについ
ての詐欺罪が成立するとともに，そのように詐取した各キャッシン
グカードを使用して現金自動入出金機から現金を引き出す行為が，
いずれも窃盗罪に該当することは明らかである。」

　本件判決は，被告人の一連の行為について，文書偽造罪，詐欺罪

等の成立を認めたのであるが，とりわけ文書偽造罪の成立の根拠として判示されている点は，興味深く説得力があるように思われる。刑事法については門外漢である筆者に，その点についてコメントする資格はないが，「虚偽の人格の帰属主体を表示し，文書の作成名義を偽るもの」という判断が，養子縁組の無効という実体法上の判断を前提としてその結果「氏」変更の効果も生じていないことを論拠にしている点に留意したい。

　文書偽造罪は，他人の作成名義を偽るものであり，そこでいう「偽造」とは作成権限のない者が，他人名義の文書図画を作成することであると説かれている（団藤重光「刑法各論」166頁以下）。Aなる人物が，他の実在するBと称して文書を作成するような場合が一般的であろう。しかし，本件被告人は自己以外の他の実在する人であるかのように自らを偽る意図はなく，戸籍に表示された氏名を使用して文書を作成した場合であった。その限りでは，形式的には自己の氏名を用いたものである。弁護人もCがCとして行動しており，他人になりすましたものではないと主張したようである。このような場合も，果たして文書偽造罪の構成要件に該当し，文書偽造罪が成立するのかどうかは畢竟該当文書の「名義人」が誰であるかがポイントであろう。弁護人の主張するように，形式的に考慮すれば本件の名義人はCであり，それが戸籍に表記された氏名と一致しているから作成名義を偽ってはいないという論理も成り立つ余地がありそうである。

　しかし，そのような判断は養子縁組の無効という実体的判断を斟酌しないという点で妥当性を欠くものといえようし，ひいてはそれが融資契約における「人格」の同一性（法律効果の帰属主体）の占

める重要度を無視する点でも，妥当性を欠くということになろう。文書偽造罪の保護法益が文書に対する「信用」，つまりは作成名義の真正であるとされていることを考えれば，縁組の実体法上の効力を抜きにして戸籍上の表記と一致していればよいとする弁護人の主張にかかる形式的判断説は，合理性に欠けるものといえよう。

　本件判決も，融資契約の本質・特質等にも着眼しつつ，融資の可否の重要な判断資料となる融資申込書の機能・性質を明らかにした上で，それが「申込者の人格に帰属する経済的信用度を誤らせることがないよう，その人格の本来的帰属主体を表示することが要求され，その帰属主体を偽ることが許されない性質の文書というべきである」とし，この判断を前提として，前記のとおり融資契約等の法律効果の帰属主体を，養子縁組前のAすなわち被告人とは別個の人格であるCと偽り，その結果，融資契約等の法律効果が帰属する人格の経済的信用度を誤らせるもので，虚偽の人格の帰属主体を表示し，文書の作成名義を偽るものと断じたものである。養子縁組は無効であるから，Aは依然Aであるにもかかわらず，Cと称して文書を作成したことが，作成者（A）と文書の名義人（C）の間に人格の同一性に関し齟齬が生じたと評価されたわけである。

　この論理は，養子縁組の無効だけでなく，婚姻無効等他の創設的届出の場合にも妥当とする場合がありえよう。そして，間接的ではあるけれども，こうした判断がされたことは，虚偽の創設的届出の抑止力になることも確かであろう。とりわけ最近の戸籍に関する虚偽の届出事件の動機の多くが，金融を得るための手段にあることを思えば，効果的な判断事例といえるように思われる。

⑩ 虚偽の届出と市区町村長の告発

　刑事訴訟法第239条2項には「官吏又は公吏は，その職務を行うことにより犯罪があると思料するときは，告発をしなければならない」と規定している。ところで，平成15年3月18日付け民一第748号民事局長通達『戸籍の届出における本人確認等の取扱いについて』においては，その第3の4において〔届書が偽造されたものである疑いがあると認められる場合には，その受否につき管轄法務局・地方法務局又はその支局の長に照会するものとする〕とされており，第3の5において〔4によって照会を受けた管轄法務局長等は，当該届出にかかる関係者の事情聴取を行うなどして，当該届書が真正に作成されたものであるか否かについて十分調査を行った上，受理又は不受理の指示を行うものとする〕とし，さらに，第3の6において〔5による指示を受けた市区町村長は，その指示に従った処理をするものとする。不受理の指示を受けた場合において，犯罪の嫌疑があると思料するときは，告発に努めるものとする〕とされている。

　いかなる場合に「告発」をし，いかなる方法でそれをするか等，戸籍の現場では対応に苦慮する場合があると思われる。それについては，「古谷知之・虚偽の届出等がされた場合における市区町村長の告発について（戸籍誌753号51頁以下）」に有益な解説記事がされているので，参照されたい。

戸籍誌760号（平成16年7月）所収

⑥　協議離婚と親権者の決定をめぐって

1　はじめに

　平成15年度の離婚件数は，28万6,489件であり，過去最高を記録した平成13年度と比較して，8,329件（約2.83%）減少し，平成14年度と比較しても，7,821件（約2.66%）減少している（戸籍誌767号43頁）。この減少傾向がそのまま定着するかどうかは定かでない。新聞報道によれば，平成19年4月以降は激増するとも言われている。年金分割が可能になるからというわけである。いささか短絡的な気がしないでもない。

　いずれにしても，離婚件数が依然として高水準にあることは事実である。そのことは，離婚に巻き込まれる未成年子がかなりの数に上ることをも意味する。

　厚生労働省の人口動態統計の資料によると，平成15年度において，親権を行わなければならない子の有無別の数は，「子どもなし」が113,523件に対して，「子どもあり」は170,331件であり，その比率は40対60となっている。そして，親が離婚した未成年の子の数は，292,688人となっている。平成13年，同14年の比率・数もそれほど差はないのが実態である。しかも，離婚の圧倒的多数は協議離婚であることも周知のとおりである。こうした事実は，離婚のもたらす問題の重要な視点の一つとして，未成年者に対する親権の帰属をめぐる論点があることを示唆するものである。親権の重要性については改めて説くまでもない。監護者制度の存在は親権の意義を減殺するものではない。

ところで，夫婦が離婚するに際して，その間に未成年の子があるときは，両者の協議により，離婚後の親権者を父母いずれか一方に定めることが求められている（民819条１項）。協議が調わないときには，家庭裁判所の調停に付し，調停が成立しないときには，家庭裁判所が協議に代わる審判をする（民819条５項，家審法９条１項乙類７号・17条）。裁判離婚の場合には，裁判所が親権者を指定する（家審法９条２項，人訴法32条３項）。

　つまり，離婚により，それまでの共同親権から父母いずれか一方の単独親権へと移行することになるわけである。諸外国の立法例によれば，離婚後も父母の共同親権を制度として採用しているところもあるようである。例えば，フランスは1993年に離婚後の共同親権の原則を導入しているとされている（松川正毅「民法—親族・相続」83頁・有斐閣）。しかし，わが国の民法の建前は，離婚後の共同親権を認めない。新民法施行直後に離婚後も親権の共同行使を認めるべきではないかという照会があったが，共同行使する旨の協議は認められないという回答がなされている（昭和23・５・８民事甲977号民事局長回答）。

　したがって，協議離婚において，この親権者の定めは離婚届の受理要件であり，これが欠けていると離婚届は受理されない扱いである（民765条１項，戸76条１号）。ちなみに，離婚届の標準様式によれば，届書の記載事項中に「未成年の子の氏名」欄が設けられ，そこに，夫が親権を行う子，妻が親権を行う子，をそれぞれ記載することとされている。さらに敷衍すれば，この記載に基づいて，親権者となった父又は母の戸籍の子の身分事項欄に親権者に関する事項が記載（記録）され公示される扱いである。

　前記のような処理が適法な協議に基づく瑕疵のない届出によりなされている限り，特段の問題はない。しかし，戸籍事務管掌者は，原則として，届書の受理に際しては，それを形式的に審査することにより受否を決するのが通常であるから，時として，離婚届に記載された「親権者の定めに関する記載」が，正当な協議に基づかないもの（そもそも協議自体が存在しない場合も含む）であっても，それが受理されるという事態は十分に予測できることである。そして，そのことが事後に問題を残すことになる。

　裁判の場においても，こうした届出に基づく問題として，親権者決定のプロセスにおける事実との不一致等を理由として親権者指定の効力を争ったり，離婚の無効の主張がなされる等の事例も少なくない。

　事柄は子の福祉に直接的に関わる問題である。そのような視点で見れば，親権者の定めが離婚届の受理要件とされていることの意味，離婚の効力そのものとの関係，親権者の定めの法的性質等の実体法レベルの問題と同時に，それを戸籍に反映させる場合の手段の相当性といった手続法レベルの問題については，大いに検討の余地があるようにも思われる。

　しかし，そうした問題については機会を改めて述べることとし，本稿では問題提起程度にとどめることとして，協議離婚における親権者指定の瑕疵をめぐる若干の問題について触れてみたい。

②　親権者指定（決定）と戸籍実務の素描

　最初に，離婚と関連した親権者指定をめぐる問題に関する戸籍実務の扱いの基本的なところを素描しておくことにしよう。

(1) 親権者の定めのない協議離婚の届出について

　前記のように，協議離婚をしようとする夫婦間に未成年の子があるときは，夫婦の協議によるか又は協議に代わる家庭裁判所の審判によって親権者を定める必要がある。そして，協議又はこれに代わる審判によって，父母のいずれか一方を親権者と定めたときは，その夫婦の離婚届書に，親権者と定められた当事者の氏名及びその親権に服する子の氏名を記載して届け出なければならないこととされている（戸76条1号）。ここで留意すべきは，協議に代わる審判を得て離婚の届出をする場合における親権に関する事項は，離婚届書の該当欄に夫又は妻が行う子の氏名を記載するだけで足り，審判に関する事項は，届書又は戸籍に特に記載する必要はないとされていることである（昭和26・10・6民事甲1943号民事局長回答）。理論的には審判を得たわけであるからその旨記載するのが筋であるように思われるが，要は親権者が父母のいずれかに決まり，届出が留保されている協議離婚届書にそれを記載することにより，それを公示できればよいという実質的・便宜的な判断が働いているのであろうか。いずれにしても，親権者が決まらない限り，協議離婚の届出としての要件を欠くことになる。このことは，離婚の合意が成立したが，親権についての協議が調わず，家庭裁判所に親権者指定の審判申立中の場合は，離婚の届出は受理できないという先例にも表れている（昭和25・1・30民事甲230号民事局長回答）。

(2) 親権者の定めのない協議離婚（裁判離婚）の届出があった場合

　親権者の定めのない離婚届は，受理すべきでないことは前記のとおりであるが，誤って受理されたときは，離婚自体は他に無効原因がない限り，親権者の定めのないことを理由としては無効とされる

ことはない（民765条2項）。もっとも，このような法規定のあり方
については，子の福祉を図るという視点からは疑問がないわけでは
ない。後に少し触れてみたい。

　そこで，類型別に実務の扱いを簡単にみてみよう。

① 協議離婚に際して親権者の指定の協議がなされていない離婚
　届が誤って受理された場合

　この場合は，離婚後に民法819条1項，同条5項の規定に基づ
いて親権者を定めることになる。しかし，ここでの協議又は協議
に代わる審判により親権者が父母の一方に定められたとしても，
その効力を既になされた離婚届の時まで遡及させることはできな
い。そこで，改めて戸籍法78条又は79条の規定を準用して，別途
親権者指定届によって処理すべきであるとされている（昭和24・
3・7民事甲499号民事局長回答）。したがって，それまでは父母
が共同して親権を行使することになるわけである。この結論は，
論理的というより必然的ということになろう。

② 協議離婚の届出の時，既に父母の協議により親権者について
　の協議が調っていたにもかかわらず，離婚届にその旨の記載を
　遺漏し，その届出が誤って受理された場合

　この場合は，単に届出の記載を遺漏したに過ぎないので，既に
なされた離婚届に，親権の定めに関する事項を追完させ（戸45
条），この追完届によって，子の戸籍に親権指定事項を記載する
扱いとされている（昭和25・6・10民事甲1653号民事局長回答）。

　なお，同先例によると，協議離婚の際協議で親権者を定めたが，
離婚届にその旨の記載を遺漏したに過ぎないときは，協議で親権
者と定められた父母の一方が単独で親権を行うものと解するのが

相当とされている。

③　離婚届を受理した後，離婚前の出生子の出生届があった場合

　父母の協議離婚前に出生し，離婚後に出生届が出された子の親権者指定は，出生届書にその指定の記載をすることによってすることはできず，別途親権者指定届によるとされている（昭和49・10・17〜18高知県連合戸籍事務協議会決議）。なお，同決議は，協議離婚の際，親権者を定めていない場合は，親権者指定の追完届はできないともしている。

④　親権者の定めがない離婚判決（調停・審判含む）に基づいて届出があった場合

　調停，審判，判決による離婚の場合に，親権に服すべき未成年の子があるときは，裁判上で親権者を定めることとされている。しかし，調停において離婚の合意は成立したものの，親権者について当事者間で合意が成立しないため，子の親権者は別途協議して定める旨が調停調書に記載された場合には，離婚そのものは調停離婚として有効であると解されている（昭和34・10・31民事甲2426号民事局長回答）。したがって，当該調停調書の謄本を添付して離婚の届出があった場合は，これを受理し，後日，親権者指定の届出によって親権者の記載をすることになる。

　また，戸籍上未成年の子を有する夫婦の離婚判決において，その子の親権者を指定せず，判決の理由中にその子が「夫婦間の子でない」旨の記載がある場合の，当該離婚届の取扱いについて，当該離婚届は受理して差し支えないが，市町村長は戸籍法24条1項の規定により，子の出生の届出人又は届出事件の本人にその出生届に基づく戸籍の記載に錯誤がある旨の通知をするのが相当で

あるとしている。もっとも，この場合の戸籍の処理は，親子関係不存在確認の判決又は審判の確定を待ってなすべきであるから，関係人より戸籍訂正の申請のない限り戸籍の訂正はできないことになる（昭和30・6・3民事甲1117号民事局長回答）。

　離婚の審判において，未成年の子の親権者につき，満13歳に達するまでは母，その後は父とする旨を定めた場合の，戸籍の処理について，これに基づく離婚の届出がされた場合には，親権者は母と指定されたものとして，それ以外の親権に関する審判事項は法律上無意味なものが付加されたものに過ぎないものと解して受理するとした先例もある（昭和34・12・16民事甲2896号民事局長回答）。

③　親権者指定の瑕疵をめぐる若干の裁判例について

　前記のとおり，父母が協議上の離婚をするときは，その協議で，その一方を親権者と定めなければならない（民819条1項）。この点をめぐって現実に争われる事件では，多くの場合，離婚については合意ができていたが（つまり自らの意思によるものであることを認める），離婚届に記載された未成年者の親権者の指定部分については，合意はもちろん協議そのものがされていないとして争われる場合が多い。その場合，離婚そのものの効力はどうなるのか，という問題も併存する。そこで，そうした問題が争点となった判決例の若干について，簡単なコメントを付して紹介してみよう。

⑴　名古屋高裁昭和46年11月29日判決（離婚無効確認請求控訴事件）［判例時報656号64頁］
　事案は，夫婦関係の円満を欠いていた当事者が，関係者立会いの

もとで離婚について協議した結果，離婚の合意ができた。そして，
妻側が用意してきた離婚届用紙を出して夫に署名捺印を求めたが，
夫は妻の方で夫の氏名を書いて欲しいといって捺印しただけで妻に
届書用紙を返付した。妻は夫の署名欄に代書し，その他の用紙の空
欄を補充して完成したものであるが，その際親権者欄が空白であっ
たのを奇貨として，同欄に自己の氏名を記載して離婚の届出をした
というものである。これに対して，夫から協議離婚の効力を争った
のが本件である。

　この事案で本件判決は，「およそ夫婦が協議離婚をする場合にお
いて，協議によりその一方を子の親権者と定めることは，協議離婚
の要件であって，戸籍を管掌する市町村長は右協議の成立したこと
が認められない限り，離婚の届出を受理することができないのであ
るが，一方において離婚の届出がこれに違反して受理されたならば，
離婚はこれがためにその効力を妨げられることはないとされている
のである（民765条2項）。本件においては，離婚届書中に前認定の
とおり離婚後の二子の親権者として被控訴人と定めるとの記載があ
ったのであるから，○○市長が右届書を適法なものとして受理した
のが民法765条1項の規定に違反したものということはできないけ
れども，事実の実体に着目して考えるときは親権者を定める協議が
いまだ成立していないのにかかわらず離婚届が受理されている点に
おいて同条2項所定の場合と何ら異なるところがないから同項の規
定の準用があるものと解するのが相当である。すなわち本件協議離
婚の効力は，親権者を定める協議が成立していないにもかかわらず
成立したもののごとく離婚届書に記載せられそのまま受理せられた
との一事により何ら妨げられることはないというべきである。よっ

て，本件協議離婚は無効ではなく，その無効確認を求める控訴人の本訴請求は失当として棄却すべきものである。〔なお，本件においては，離婚後親権を行使すべき者が定められないまま協議離婚の効力が発生したのであるから，二子については控訴人，被控訴人の共同親権が現に継続中である。従って当事者は戸籍訂正の手続により現に存する被控訴人を親権者と定める旨の戸籍上の記載を抹消したうえ，協議によりあらためて親権者を定め，その届出を追完すべきものである〕」。

　本件判決は，離婚については有効と判断している。その根拠を本件の場合は民765条2項の規定の準用があるものと解している。つまり，民765条2項が本来適用されるのは同条1項の規定に違反している場合（親権者を定めない離婚届が誤って受理された場合）であるところ，本件の場合は，形式的には届書に親権者に関する記載があった場合であるから，ストレートには同条1項に違反して受理されたとして同条2項を適用できる場合ではない。しかし，事柄の実態に着目すれば，親権者に関する協議が成立していないにもかかわらず離婚届が受理されているという点では同条2項所定の場合と異なるところはないから，同項の準用があるとするものである。この点の判断には異論はないと思われる。しかし，問題なのはそのような立法の在り方にあるように思われる。つまり，親権者に関する定めという重要な事項については，ペンディングな状態の継続することを認めたままで（共同親権と解してもそれは機能不全の形式論に過ぎない），とりあえず離婚のみは有効とするのは，子の福祉にとって欠かせない親権に関する事柄を不当に軽く扱っていることになるのではなかろうか。これでは，親権者決定事項を離婚の付随的

事項程度にしかとらえていないということになろう。確かに，親権者の決定は離婚という身分の変動に付随してなされる付随的身分行為という説明がなされている（民法（8）親族［第4版増補補訂版］9頁・有斐閣）が，これとて，別に親権者決定事項を離婚に従たる行為として殊更に軽くみてよいということまでも意味しているわけではないであろう。しかし，誤ってであれ，受理された以上離婚について合意がなされているのであれば，親権者決定の瑕疵が離婚の効力に当然に連動するとすることまでは無理としても，手続的には親権者決定に関する事項の届出を独立させる等の工夫は検討されてよいのではなかろうか。子の福祉と親権の問題の重要性が喧伝されているにしては，現行制度はそれを担保するような仕組みにはなっていないのではなかろうか。子の福祉と親の責任（義務）という視点からの見直しを検討すべきではなかろうか。

　次に，本件判決は，離婚を有効としても，離婚届の受理によって母が親権者となっている子の身分事項欄の記載については，現に共同親権が継続していると解すべきであるとして，戸籍中の母の親権事項を戸籍訂正の手続によって抹消し，改めて協議により親権者を定め，その届出を追完（戸45条）すべきものとしている。もちろん，この場合，父母の協議によって親権者を指定することができなければ，家庭裁判所の調停・審判によることになろう（民819条5項準用）。そして，調停において合意が成立し，調書が作成され又は審判の確定によって親権者指定の効力が生じ，これに基づいて当事者が改めて親権者指定の届出を行うことになろう（戸79条）。

　もっとも，改めての協議・審判等による親権者に関する記載の前提となる戸籍訂正（母の親権事項の抹消）については，その方法が

問題となる。戸籍法上に認められている手段としては，同113条，114条，116条そして同24条2項がある。本件のような場合であれば114条か116条が考えられるが，この点に関連しては，後に紹介する親権者指定協議無効確認の訴えの提起の可否についての平成15年6月26日判決（判例時報1855号109頁）が「一般にこのような場合，親権者指定の合意の不存在あるいは無効を主張する元夫婦の一方は，戸籍法114条により，家庭裁判所の許可を得て，戸籍に協議離婚に基づいて記載された親権者を父又は母と定める記載の訂正（抹消）をすると共に，……」と説示しているのが参考となろう。

⑵　**大阪高裁平成3年4月4日決定（親権者指定申立却下審判に対する即時抗告事件）**［家裁月報43巻9号23頁］

　事案は，未成年の子一人を有する夫婦の一方である夫が自らを親権者と定める旨の記載のある協議離婚届を提出し，これが受理され，夫婦は離婚した。ところが，離婚届提出の数日後に，妻から離婚をすることについては合意していたが，未成年子の親権者を夫とすることについては合意されていないとして，親権者指定を申し立てたものである。原審は，親権者を夫とする旨の合意がなされていたとして当該申立を却下した。これに対して即時抗告がなされた事件である。

　本件決定は，原審とは逆に「親権者を夫とする旨の合意はなされていなかったものと認めるのが相当」であるとし，この場合には，民法819条5項の規定により，家庭裁判所は具体的な事情を考慮して，いずれの親を親権者とする方が未成年者の福祉に副うと認められるか否か検討して親権者の指定をしなければならないとして，親権者指定についてさらに審理を尽くす必要があるとして家庭裁判所

に差し戻したものである。

　本件では，離婚の効力については争われていない。それは有効であるという前提で，合意のないままに記載された親権者父の記載を争い，改めて親権者の指定を求めたものである。

　このような形での親権者の申立が，そもそも認められるのかどうかについては疑問がないわけではない。事柄は単純に親権者指定の協議が成立していなかったことを理由として，その場合には，親権者指定の審判を求めることができるという論理にはつながらないのではなかろうか。既にされている父の親権事項の記載をそのままにして，仮に母を親権者に指定する審判がなされたとしよう。この審判に基づいて戸籍法79条により届出があったときこれは，受理されるのであろうか。あるいは，親権者指定協議が成立していなかった以上は依然として共同親権が継続しており，他方，離婚は既に成立しているから，可及的速やかに単独親権に移行させる必要があるから，戸籍の記載は問題としないで，一方を親権者に指定できると解してなされたものであろうか。いずれにしても，戸籍上の無効な記載を訂正することについてなんら触れられていないのは，そのような手続を不要と解するものであると思われる。しかし，基本的には訂正手続を先行させるのが筋ではなかろうか。

(3)　**大阪家裁平成8年2月9日審判（親権者指定等申立事件）**［家裁月報49巻3号66頁］

　事案は，内縁関係にあった男女が後に婚姻届出をしたあと，子を儲けたが，婚姻後ほどなく争いが絶えず，夫（相手方）が暴力を振うことから，妻（申立人）が未成年者を連れて家出し別居するに至った。夫婦は，別居に先立ち，離婚届書に署名したが，未成年者の

親権者については協議をせず，従って同届書の親権の欄を空欄とし
たままであったにもかかわらず，夫（相手方）がほしいままに未成
年者の親権者を自らとして記載し届け出た。そこで，妻（申立人）
から，戸籍上，相手方が未成年者の親権者として記載されているが，
同親権者の指定は無効であり，諸般の事情を考慮すると，申立人を
親権者に指定するのが相当であるとして本件申立てに及んだもので
ある。

　本件審判も，協議離婚の効力については双方に離婚の意思及び届
出意思があったものといい得るとして，離婚は有効に成立したもの
と判断している。しかし，未成年者の親権者を父である相手方と定
めたことについては，相手方が，同親権者の定めについて申立人と
相手方との協議未了のまま申立人に無断で，同離婚届用紙の該当欄
に相手方を親権者として定めた旨を記載して届け出たに過ぎないも
のであるから，無効のものというべきである。そうすると，未成年
者の親権者を母である申立人が，もしくは父である相手方かの，い
ずれかに指定すべきものであるが，同指定について申立人と相手方
との間に協議が調わないので，同指定について判断すべきものであ
る，としている。

　基本的には前記(2)と同じ立場といえよう。ここでいう指定は，民
819条5項が前提になっているものと思われるが，同条項の準用な
いしは類推によるものと解すべきである。しかし，戸籍上の記載を
前提とするなら，指定ではなくむしろ親権者変更のほうが妥当では
ないかと思われる。あるいは，実体上は共同親権が継続しているこ
とを前提にするなら，指定も背理とはいえないということになるの
であろうか。それはともかく，ここでも無効の親権者に関する記載

の措置には触れられていない。

(4) 　長崎家裁昭和47年8月26日審判（親権者指定申立事件）［家裁
　　月報25巻7号48頁］

　事案は，妻（申立人）と夫（相手方）は，事実上の婚姻をし，そ
の間に事件本人を出生したか，相手方と先妻との間の離婚手続がで
きていなかったため，事件本人はいったん申立人の婚外子として出
生届がなされ，次いで相手方に認知されていたところ，その後，婚
姻障害がなくなったため婚姻届がなされ，それによって事件本人は，
嫡出子の身分を取得した。しかし，相手方の暴力や先妻の子のこと
で家庭内に紛争が絶えず，申立人は事件本人を伴って家出した。申
立人はその後親戚の者を介し，相手方と事件本人の親権者を申立人
とすることで離婚の協議をしたが，相手方はこれを承諾せず，後日，
申立人に無断で，事件本人の親権者を相手方として，協議離婚の届
出をした。

　申立人としては，離婚そのものについては異存がなく，相手方が
勝手になした離婚届を追認する意向であるが，親権者の指定につい
ては承認できないので，申立人を事件本人の親権者に指定するよう
に求めて，本件申立てに及んだものである。

　本件審判は，「申立人と相手方との協議離婚は，離婚そのものに
ついては双方に異存がないにしても，事件本人の親権者の指定に関
し協議が成立しないまま，相手方が勝手にその届出をなしたもので
あり，法律上無効というほかないように思われる。しかるに，申立
人は本申立に際し，離婚については相手方の右効力に疑問のある協
議離婚届を追認する意向を示し，また，相手方も……最終的には，
事件本人の親権者を申立人とすることに同意する旨述べていること

が窺われるので，かかる場合，前記届出による親権者の指定が無効
であることは当然としても，協議離婚そのものは追認によって有効
に確定され，そのことを前提に改めて親権者の指定をする取扱いが
許されるものと解する。（無効の協議離婚の届出をなした当事者が，
あくまでも子の親権者たることを望む場合など，他方当事者の追認
によって，無効の離婚届のうち協議離婚の効力のみが独立して，常
に有効に確定されることには疑問の余地がないわけではない。しか
し，本件の場合は前記相手方の意向からして，その点の問題はな
い。）」と判示し，その上で，申立人を親権者と指定している。

　本件審判が，親権者指定の審判をすることの正当性の前提根拠と
した協議離婚を有効とした判断には疑問がある。本件の協議離婚届
は，他方の意思を欠いた一方的届出の典型的事例に属するものであ
る。しかも，親権者に関する合意もなされていない。「届出の時点
で離婚意思のなかった配偶者が離婚届を『追認』する意思を表示し
たとしても，それはその時点で離婚に同意したと考えるべきで，た
とえ『追認』という表現を用いたとしても，離婚届の無効を主張し
て戸籍を訂正してから改めて離婚届を出すという手間を省くことに
ついての同意と理解すべきである。」「また，離婚の際には子の監護
に関する取り決めが必要であり，これをしていない過去の時点に離
婚の効果を遡及させることは適当ではない。」（内田貴「民法Ⅳ［補
訂版］」106頁）。追認の是認は，厳格であるべきである。

　本件では，離婚の有効確定について疑念が指摘されてはいるが，
相手方が申立人を親権者とすることに同意していることを理由に，
問題はないとする。しかし，理論的には，離婚無効の確認をするの
が筋であろう。その上で，改めて協議の上，届出するのが妥当であ

る。本件のような場合は，離婚と親権者の決定は能う限り一体的に処理する道を選択すべきであろう。

　離婚の有効の問題を別とすれば，親権者指定の審判をすることが認められたとする点では，前記(3)の審判と同様であるといえよう。したがって，そこで指摘したのと同じことが妥当しよう。

(5)　**大阪家裁昭和49年3月2日審判（親権者変更申立事件）**［家裁月報27巻1号119頁］

　事案は，妻（申立人）と夫（相手方）は昭和41年に婚姻したが，相手方は婚姻前から多額の貸金債務があった上，結婚後も，競馬にこるなどしてさらにそれが増大したので，約2年後には申立人は実家に戻って別居したが，事件本人Aが出生した後，再び実家方で相手方と同居するようになり，その後事件本人Bが出生した。申立人は以後スナック等で働いていたが，相手方からの暴行を加えられたことから，離婚を決意するに至った。相手方は婚姻の継続を望み，離婚の話がまとまらないまま，申立人は離婚調停の申立てをした。調停は20回に及んだが，申立人が一貫して離婚と事件本人A・Bの親権者を申立人とすることを主張したのに対し，相手方も回を重ねるにつれ，離婚の話には応じるようになったが，事件本人両名少なくともBの親権者を相手方とし，借金の残額の2分の1を申立人において弁済することを要求したため，話合いがつかないまま推移していたところ，調停中に，裁判所外で，当事者双方間において，事件本人両名の親権者をいずれも申立人と定めて離婚する旨の協議離婚届が作成された。しかし，その後，申立人の印章も所持していた相手方が，これを用い，同届中，夫が親権を行う子欄の「なし」の字句を抹消し，その左側余白に「B」と記載し，妻が親権を行う子

欄の「Ｂ」の記載を抹消して，離婚の届出をなした。その結果，事件本人Ｂの戸籍の身分事項欄には，親権者を相手方と定める旨の記載がなされた。かくして，前記調停は家事審判規則138条により，調停をしないこととされ終了した。

　このような事実関係のもとで，申立人から事件本人Ｂについての親権者変更の調停の申立てと，相手方からの同事件本人Ｂの引渡の調停が申立てられたが，いずれも，調停成立の見込みがないとして終了し，申立人からの親権者変更事件は審判に移行した。また，相手方より事件本人Ａについての親権者変更の調停の申立てがなされたが，調停成立の見込みがないとして終了し，審判事件に移行した。そして，申立人からの事件本人Ｂに対する親権者変更は認められ，相手方からの申立ては却下された。

　本件で親権者変更の審判を求めることが許される理由について，審判は次のように判示している。

　「……の事実によれば，事件本人Ｂの親権者指定の協議については，申立人には相手方を親権者とする意思はなかったのであるから，相手方において当初から離婚届を改ざんする意思であったものであれ，後にその意思を生じたものであれ，いずれにしても相手方を親権者と指定する協議は無効であるものというべく，従って申立人としては，理論的には，相手方に対する親権者指定協議無効確認の確定判決（家事審判法23条の審判を含む）を得て，戸籍法116条により事件本人Ｂの戸籍中身分事項欄の相手方を親権者と定める旨の記載を消除したうえ，改めて親権者指定の協議またはこれに代わる審判により，同事件本人の親権者を定めるのが筋というべきであるが，他方で親権者としては相手方よりも申立人の方が子の利益の観点か

らみて適当であると認めるべき事情があるときは，上記の親権者指定協議の効力を争うことなく親権者を自己に変更する審判を求めることも許されるものというべきである。」と判示して，結論として事件本人Bについての親権者の変更を認め，事件本人Aについては親権者を変更せず，戸籍の記載をそのままにしておくのが妥当としている。

　本件の親権者を定める協議が無効であることには異論はないであろう。従って，実体法上は共同親権が継続していると解すべき事例である。そのことを前提とする限り，理論的には，本件審判が筋論として指摘した方法によって是正されるべきものである。しかし，現に戸籍に記載されている親権事項を前提としてその変更を求める審判でも，それを是認すべき正当な事情が存在するときは，指定協議の無効を争うことなく，変更審判が可能であるとする。このような結論を正当化できるのは，出来るだけ早く離婚後の親権の帰趨を決定することが子の福祉にかなうということであろう。その限りでは，個別的事案の解決としては，前記の親権者指定審判例による場合も含めてあえて異論を唱えることもないのかも知れない。

　しかし，こうした便宜的処理は，離婚に際しての親権者決定のもつ意義についての夫婦の理解・認識の欠如のもたらす結果について，あまりにも曖昧な態度であると思われる。夫婦は，離婚すれば赤の他人である。しかし，子との関係では親であるという地位に変化はない。だからこそ，原則として少なくとも子が未成年である間は，親としての義務が継続することとされているのである。その重要な部分を担う親権（監護権）について真摯な協議をしないままに離婚の合意だけを先行させて問題を残すことが，まさに問われているわ

けである。

その意味で，本件審判が筋論として示した是正のプロセスは，原則として履行されるに値する重要な意味をもつものといえよう。

そうした中で，本件審判が示した「親権者指定協議無効確認の訴え」が可能であることを認めた判決が現れたのである。

4 親権者指定協議無効確認の訴え提起の可否

協議離婚の際の未成年の子の親権者を定める協議における合意の不存在を主張する元夫婦の一方は，他方を被告として，親権者指定協議無効確認の訴えを提起することができるとした判決は，東京高裁平成15年6月26日判決である（親権者指定協議無効確認請求控訴事件［確定］・判例時報1855号109頁）。

この判決が注目される所以は，従来公表された同旨の判決例はない（前記判例時報110頁コメント参照）ということと，この訴えの性質を人事訴訟法との関係でどのように位置づける，あるいは，位置づけ得るかという新しい問題提起も含まれている等の点にある。

事案の内容は以下のとおりである。X男とY女は元夫婦で，二人の間には未成年の子Aがいる。X男とY女が離婚することになった際，X男は離婚届用紙に署名押印してY女に渡した。Y女は，必要な保証人の署名押印を得て，自己の署名押印をし，Aの親権者をY女と定める旨の記載をした上，市役所へ離婚届を提出して受理され，戸籍にはX男Y女の離婚事項とAの親権者がY女と定められた旨の記載がなされた。

X男は，離婚については争わなかったが，Aの親権者をY女と定める協議をしたことはなく，その旨の届出をする意思もなかったと

して，Y女を被告として，市長に対する届出によりなされたAの親権者をY女と指定する協議が無効であることの確認を求める訴えを提起した。一審判決は，Aの親権者をY女と定めて離婚する旨の離婚届がX男の意思に反して作成されたものとは認められない等として，X男の請求を棄却した。これに対してX男が控訴したのが本件である。

　本件は，協議離婚をした夫婦の一方が，離婚自体は自らの意思に基づくものとしつつ，離婚届に記載された未成年の子の親権者の指定について，そのような協議がなされていないと争う方法について，前記3で紹介した判決例（審判）に見られるように，①戸籍訂正の手続（戸114条）をとることを前提として，改めて協議による指定なり審判を求めるものや，②戸籍の記載はそのままにして，親権者指定の審判で処理することを認めたり，③親権者変更の審判を求める方法を認めるものや，④親権者指定協議無効確認の判決（家審法23条審判）を求めることを説くものがある中で，初めて親権者指定協議無効確認の訴えが適法であり，この方法により争い得ることを認めたものである。

　本件判決は，この訴えの適法性について次のように判断している。

　「本件は，協議離婚をした元夫婦の一方である控訴人が，離婚意思及び離婚届出意思の存在は認めつつ，すなわち，協議離婚の成立は認めながら，離婚届に記載された未成年の子の親権を行う者の記載に沿う，親権者を定める協議における合意の不存在を主張しているものである。一般にこのような場合，親権者指定の合意の不存在あるいは無効を主張する元夫婦の一方は，戸籍法114条により，家庭裁判所の許可を得て，戸籍に協議離婚届に基づいて記載された親

権者を父又は母と定める記載の訂正（抹消）をすると共に，改めて元の配偶者と親権者を定める協議を行うか，その協議が調わないものとして家庭裁判所へ親権者指定の審判を求める（民法819条5項，家事審判法9条1項乙類7号）ことが考えられる。この場合，戸籍法114条による戸籍訂正の許可を求める審判手続においても，親権者指定の審判手続においても，親権者を定める協議の不存在あるいは無効の主張の当否が判断の中心の一つとなるものと予測されるが，戸籍訂正の許可を求める審判手続では相手方配偶者は当事者ではないし，戸籍訂正の審判も親権者指定の審判も，親権者を定める協議の不存在あるいは無効について判断がされても，その判断に既判力（筆者注・同じ当事者間で同じ内容の事件を再度争うことは認められないという趣旨のもの）はなく，紛争が蒸し返される可能性がある。

　このようなことを考えると，協議離婚をした元夫婦の一方は，他方を被告として親権者指定協議無効確認の訴えを提起することも許されるものと解するのが相当である。

　このような訴訟は，人事訴訟手続法に定められた人事訴訟の類型ではなく，また現在解釈上人事訴訟の類型として認められている訴えではないが，事案の性質に鑑み，離婚無効確認訴訟と同様に解釈上人事訴訟として，手続や効果を規律するのが相当である。また，そうでないとしても，少なくとも，人事訴訟ではない通常訴訟として許されるものである。―略―　したがって，本件訴えは適法である。」

　裁判記録によると，本件で，X男が当初，家庭裁判所に親権者変更の調停を申し立て，その中で，離婚届出の際にAの親権者をY女

と定める協議が成立したことはなく，Ｙ女が勝手にそのように記載した離婚届を提出したと主張したが，Ｙ女がこれを認めなかったことから，同調停を取り下げて，本件訴訟を提起したようである。

　原審は，離婚届がＸ男の意に反して作成されたものと認めることはできず，むしろ，離婚届に署名押印した時点では，Ｘ男宅での生活を外形上従前どおり継続することを前提とする限り，親権者をＹ女と定める離婚届が提出されること自体には，抵抗感を持っていなかったと推認するのが相当であるとして，本件訴えの適法性については特に判断することなく請求を棄却した。

　しかし，控訴審では前記のとおり，このような親権者指定協議無効確認の訴えを適法と判断したものである（もっとも，事案の解決としては，控訴を棄却して原審判決を支持している）。

　本件判決がこのような訴えを適法であるとした理由については判決に述べられているが，そのような判断が示される前提として次のことが指摘されている。つまり，離婚届が提出され受理されたにもかかわらず，同届書中の未成年の子の親権者に関する記載が，合意に基づかない場合（協議の不存在，合意形成以前の状態のまま）は，少なくとも親権者の記載に関する限り無効であり，戸籍記載に相当する実体関係は存在しない。このような状態を解消するには，一般に，戸籍法114条により，家庭裁判所の戸籍訂正許可の審判を得て，戸籍の記載を是正（抹消）するとともに，改めて元の配偶者と親権者を定める協議を行うか，その協議が調わないときは，家庭裁判所へ親権者指定の審判を求める（民819条5項，家審法9条1項乙類7号）ことが考えられる（これらのことは前記③の(1)(2)(3)(4)の判決（審判）等がそのような扱いをしている）。

　しかし，本件判決は，戸籍訂正を求める審判であれ，親権者指定の審判であれ，訂正なり審判の前提として，親権者指定の無効について判断がなされても，その判断には既判力がなく，紛争が蒸し返される可能性がある。このような点を考慮すると，親権者指定協議無効確認の訴えを提起することも許されるものと解するのが相当であるとするわけである。

　しかし，同時に，本件判決が本件のような事案について常に訴訟で決着すべきであるとしているわけではないと思われる。戸籍訂正の方法なり親権者指定の方法によることも併存的に認めているといえよう。訴訟によるべきとする理由は，紛争の蒸し返しの防止にあるとしている。理論的にはそのとおりであると思われる。しかし，あえて一言すれば，戸籍訂正の手続では相手方配偶者は当事者ではないとしても，現実の審判で相手方配偶者を審訊することなく審理判断することは考えられないし，また，訂正許可審判に既判力がないとする点についても，そのことが理由となって当該紛争が蒸し返されるということはほとんど考えられないのではなかろうか。親権者指定審判においても基本的には同様である。

　つまり，こうした方法特に戸籍訂正の方法による是正もそれなりに存在理由としては合理性を持っていることは認められてよい。審判に相当の時間がかかることも通常はないものと思われる。可及的速やかに実体法上の関係に合致させるという意味では，それなりに意義を有するものとみてよい。

　しかし，そのことは本件判決の示した判断の意義を左右するものではないというべきであろう。むしろその理論的な根拠に注目すべきであろう。後に少し触れてみたい。

ところで，本件判決の説くように，仮に裁判で親権者指定協議無効確認の判決が確定した場合，戸籍訂正の手続はどうなるであろうか。戸籍法の規定に即してみれば，同法116条による訂正ということになるものと思われる。戸籍法116条による確定判決に基づく戸籍訂正申請の場合，ここでいう確定判決とは，従来，戸籍法113条及び114条と同様の戸籍の訂正を命ずる判決（審判）をいうのではなく，戸籍の訂正を必要とするその基礎をなす実体的身分関係を確定する人事訴訟手続法上の確定判決（家審法23条の審判を含む）を指すものとされており，判例も，確定判決の効力として戸籍の訂正を認めるのではなく，訂正事項を明確ならしめる証拠方法として確定判決を要するものとする趣旨であるとしている（最高裁昭和32・7・20判決・民集11・7・1314頁）。このような理解を前提とすると，仮に，親権者指定協議無効確認の判決が確定したとすれば，これに基づき戸籍訂正できる範囲は，当該判決によって確定された身分関係と直接矛盾する記載ということになる。従って，戸籍に協議に基づかない親権者の記載（子の身分事項欄）があればそれが訂正の対象となり，そこに親権者指定協議無効の裁判確定の旨と親権事項の記載が消除されることになるのであろう。

　それはともかくとして，本件判決の事案は旧人事訴訟手続法施行時のものであった。そこで本件判決は，親権者指定協議無効確認の訴えを適法なものと判断する理由として，このような訴訟は，人事訴訟手続法に定められた『人事訴訟』の類型ではなく，現在（本件訴訟時）解釈上『人事訴訟の類型』として認められている訴えではないが，事案の性質に鑑み，離婚無効確認訴訟と同様に解釈上『人事訴訟』として，手続や効果を規律するのが相当である，と判示し

ている。本件判決が例示している離婚無効確認訴訟は，旧人事訴訟手続法上これを認める明文の規定はなかったが，しかし，解釈によって認められていた（準人事訴訟と呼ばれていた）。そこで，離婚無効確認訴訟が認められるのであれば，親権の帰趨という実体法上の身分関係の効力自体が直接的に問題となっている点に着目して，これを準人事訴訟の一類型として位置づけるのが相当であるという論理である。その意味で，新たな『準人事訴訟』の類型を付加したものと評されるわけである。もっとも，離婚無効確認訴訟については，新人事訴訟法の中では『人事訴訟』として明文化されている（２条１号）が，親権者指定協議無効確認の訴えは含まれていない。従って，その根拠を新人事訴訟法上に求めるとすれば，同法２条の「その他の身分関係の形成又は存否の確認を目的とする訴え」の中に読み込むことが考えられる。「その他の身分関係の形成又は存否の確認を目的とする訴え」にどのようなものが考えられていたのかについては，姻族関係や叔父甥関係の確認などが問題とされたようであるが，親権者指定協議の無効確認は話題とはなっていない（「新しい人事訴訟と家庭裁判所実務」ジュリスト1259号４頁参照）。

　「身分関係といっても濃淡があり，人事訴訟手続に乗せるべき事件かどうか，間に立つ他の身分関係者の手続保障や確認の利益等を勘案して，個別的問題に即して，判断するしかない」という意見もあるが（本間靖規「人事訴訟法制定と理論的課題」法律時報77巻２号55頁），親権者指定協議無効確認の訴えは，姻族関係存在確認や叔父甥関係確認の類型に比べれば，人事訴訟の類型により親しむ性質を備えているものといえよう。離婚に際して，親権者の指定について，協議があったのかどうか，合意が形成されていたのかどうか，

つまりは，それが有効になされたものかどうかは，親権の帰趨をめぐって「子」にとって基本的身分関係に関わる事柄であり，「子」の福祉という視点から，また，未成年者と取引する第三者との関係においても，極めて公益性の強いものであって，判決の対世的効力への要請があるといえよう（常岡史子「協議離婚の際の未成年の子の親権者を定める協議における合意の不存在を主張する元夫婦の一方は，他方を被告として，親権者指定協議無効確認の訴えを提起することができるとされた事例」判例時報1873号194頁）。

　現実問題として，協議離婚届出後に親権者指定の合意のみが争われる紛争が多いと言われ，しかも冒頭にも紹介したように多くの未成年の子がその影響を受け得る実態のあることに照らすと，訴訟による解決方法を是認した本件判決の意義は大きい。

　加えて，親権者指定協議無効確認訴訟を人事訴訟法上の「準人事訴訟類型」として位置づけることができるとすると，家事審判法との関係においても説得的説明が可能となる。

　つまり，人事訴訟事件はその手続において調停前置主義がとられている（家審法17条，18条1項，19条1項参照）。この調停で，当事者間で合意が成立し，〔無効〕原因の有無について争いがない場合には，家庭裁判所は，必要な事実を調査した上，調停委員の意見を聴き，正当と認めるときは，〔無効〕に関し，合意に相当する審判をすることができるものとされている（家審法23条）。この審判に対しては2週間内に異議の申立てがなされないときは，審判が確定し，確定判決と同一の効力を有するものとされている（同25条）。従って，それ自体が家事審判事項である親権者指定（同9条1項乙類7号）に関する協議の無効について，これを準人事訴訟事件と扱

い，当事者の合意に基礎を置いた家事審判法23条の審判によって確認する手続を開くことは，訴訟提起に先立って家庭裁判所での手続による解決を図ることが「家庭の平和と健全な親族的共同生活の維持を図ることを目的とする」家事審判法の理念・目的（同1条）からも望ましいとする23条審判の制度趣旨にも合致するといえるからである（常岡史子・前掲197頁）。法文上も家事審判法23条2項の「身分関係の存否の確定に関する事件」に属するものとして読み込むことは十分に可能であろうと思われる。

　いずれにしても，本件判決の持つ意義は大きいといえよう。

⑤　終わりに

　親権関係は親子関係の中核である。もちろん親子関係は親権関係に尽きるものではないが，親の未成年の子に対する監護教育を親権の内容として特別に取り扱っているのが現代法の特色である。しかも，近時は親権を親の義務という側面からとらえる傾向が強い。学説の中には親権概念の転換の必要性を強く主張する見解もある。いずれにしても，親権が子の福祉・利益のために行使され，その円滑な行使の機会が間断なく継続しているという実効性を保持する必要のあることには異論はないであろう。その意味では，離婚に伴う親権者指定をめぐる紛争についての審判なり裁判による事後的解決は，あくまで次善の策でしかない。

　より根本的に考えると，やはり問題の核心は離婚のみについて合意を先行させ親権者に関する定めの協議を曖昧にさせたままで離婚の届出をする当事者のありようと，そのような本来受理できない性質の届出についてのチェック機能を欠く制度のありようにあるよう

に思われる。その対策として協議離婚に際して当事者の意思を確認する措置を検討すべきではないかという意見は従来から有力に主張されてきた。しかし，これの立法的解決を期待することは，現実問題として難しいようである。しかし，協議離婚の合意と親権者の定めという本来その成立においても効果においても一体的に処理されるべき問題が，当事者の「親権」に関する認識の欠如と戸籍窓口における形式審査というシステムによって，受理後の効力の判断が分離してなされてしまう（離婚は有効，親権者の定めは無効）という現実は，間違いなく未成年の「子」にとって不幸な事態を招来している。子の福祉，子の利益の保護という視点からは，あるべき姿を実効的に担保するという側面からの制度面・手続面での，何らかの改善が求められているというべきではなかろうか。

戸籍誌772号（平成17年5月）所収

「創設的届出」管見―婚姻を主題に―

① はじめに

　民法上婚姻が有効に成立するためには，形式的要件としての「届出」と実質的要件としての「婚姻意思」の存在が必要である。

　ところが近時いわゆる偽装婚，通謀虚偽ないし仮装婚等「婚姻意思」の存在に問題のある届出がなされる事例も珍しくないといわれている。多くはその動機が借金等の金融の手段と指摘されているが，必ずしもそれに尽きるわけではない。目的は多様であり得る。また身分行為の態様も婚姻（離婚）だけでなく，縁組（離縁）等も対象とされている。

　既に偽造の届書により戸籍への不実の記載がされるのを未然に防止するための緊急的かつ暫定的な措置として，届書を持参した者に対する身分確認（本人確認）等に係る取扱い（平成15・3・18法務省民一第748号民事局長通達）が市区町村で展開されているところであり相応の効果を挙げているといわれている。しかし，偽造・仮装の届出の可及的防止という視点からはこれらの措置の射程範囲は極めて限定されたものであることも否定できない。

　問題の核心は一方でいわゆる創設的届出における「届出」のありようであり，他方で婚姻に代表される「婚姻意思」等の身分行為の内実をどうとらえるか，にあるように思われるのである。加えて，この2つは密接不可分の関係にあるともいえる。しかし，いずれも難しい問題点をも含むものである。簡単に問題解決への処方箋を示せるような事柄ではないことも確かである。しかし，いずれの論点

も改めて検証する必要はありそうである。

　近時学者の中にもこの点を指摘するものがある。例えば，「届出時における本人の意思につき，これを確認するための制度的な手当を本格的に検討すべきではなかろうか」（大村敦志「家族法」［第2版補訂版］127頁），あるいは，「婚姻の簡単すぎる手続には，長短二面があるが，悪用可能な従来の手続を今後も維持すべきかどうか，検討の余地があろう」（本山敦「法学セミナー」605号・―結婚の条件と婚姻の要件―107頁）等がある。

　そこでこうした指摘をも自覚しつつ，こうした問題への対応を考える場合の前提的・基礎的問題を整理して読者の皆さんの参考に供したいというのが本稿の趣旨である。

　婚姻を主たる題材にして，現行の届出制度の原則と運用の実際をみながら，その問題点とそれに対する行政上の施策を検証してみよう。婚姻意思については別の機会に譲りたい。

② 届出制度素描

　戸籍制度が日本国民の身分的法律関係を登録・公証するという本来の機能を十全に発揮するためには，現実の記載（記録）が実体を如実に反映したものでなければならないが，その信頼維持のための重要な要件の1つとして，国民が戸籍制度の趣旨を十分に理解し，正しい届出を励行すること，であることが指摘されている（大森政輔「戸籍の信頼保持方策について」家族法と戸籍―その現在及び将来―444頁）。多くの届出はそのような期待に応える内容のものとして行われていることは間違いない。しかし，近時の傾向は虚偽・仮装の婚姻届に見られるように「正しい届出」からは明らかに逸脱し

た案件が目立っている。そしてそれが戸籍の信頼性を損ねることにもなっている。

そこでまず現行の届出制度（婚姻）の内容を概観してどのような問題点があるかを検証してみよう。

(1) 届出婚主義

現行民法は，明治民法と同じように，「婚姻は，戸籍法（昭和22年法律第224号）の定めるところにより届け出ることによって，その効力を生ずる」（民739条1項）と規定し，「婚姻の届出は，その婚姻が第731条から第737条まで（婚姻適齢・重婚の禁止・再婚禁止期間・近親婚の禁止・未成年者の婚姻についての父母の同意）及び前条第2項の規定（届出人及び証人に関する規定）に違反しないことを認めた後でなければ，受理することができない」（民740条）と規定し，婚姻成立の時期を戸籍法の定める婚姻届出の時期に求める，いわゆる「届出婚主義」を採っている。つまり「届出」という要式を要求しているわけである。

もっとも婚姻の要式については大きく分けると，法定の手続を踏むことによってはじめて婚姻が成立するとする法律婚（民事婚）と習俗の要求する儀式を行うことによって婚姻が成立するとする儀式婚に分かれ，儀式婚は宗教的儀式婚（宗教婚）と習俗的儀式婚に分類できよう。わが国の現行制度は法律婚の中の「届出」という方式を採用したものであり，立法例として珍しい部類に属するとされている。

(2) 届出（婚姻）の性質

ところでこの「届出」がいかなる法律的性質をもつと解するかについては見解の対立がある。つまり，この「届出」は，報告的届出

と解すべきか創設的届出と解すべきかという問題である。

　報告的届出と解する説はその理由を次のように説く。つまり，民法739条１項の文言が「その効力を生ずる」とあることを根拠に，婚姻は当事者間の合意，すなわち届書の作成によって成立し，その届出は，届書の作成によって成立した婚姻の効力発生要件ないし婚姻の効力発生のための方式に過ぎないから，婚姻の届出は，単なる既成事実の報告，すなわち報告的届出となるとするのである（加藤一郎「身分行為と届出」穂積重遠先生追悼・家族法の諸問題531頁ほか）。

　他方，創設的届出と解する説は次のように説く。もし，報告的届出説のように解すると，合意の時に婚姻意思があれば足り，届出の時にはその意思が不要ということになり，それでは，婚姻の合意そのものについて届出という方式を必要とする民法の趣旨に合わないことになるから，婚姻の届出は，当事者双方の婚姻意思が，かかる意思表示として効力をもつための方式とみるべきであり，届出の方式に従って婚姻意思が表示されれば，それによって婚姻は成立すると解し，したがってその届出は単なる効力の発生要件ではなく，婚姻の成立要件そのものであり，その届出は，報告的届出ではなく，創設的届出と解すべきであるとする（我妻栄「親族法」41頁ほか）。これが通説である。通説に従えば，届出は，当事者双方の合致した婚姻意思を法律上表示する唯一の方法であって，届出がなければ，いかに結婚式を挙げていても，法律上は婚姻が成立していないことになる。

(3)　届出を求める理由

　民法が「届出」を婚姻の方式として要求する理由はどこにあるの

だろうか。この点は従来あまり意識的に議論されてこなかったように思われる。しかし，本稿の意図で述べたような視点からは極めて重要な論点の一つであると思う。この点についての大村敦志教授の指摘が参考になる。教授の指摘（同著「家族法」［第2版補訂版］119頁以下）によれば「届出」が要求される理由は以下の点にあるとされる。

　第1に，届出の機会に婚姻の要件が充足されているかどうかを審査するという意味がある。民法は法令に違反しないことを確認しなければ届出を受理することができないと規定している（民740条）。婚姻適齢，重婚禁止，近親婚禁止等の婚姻障害が存在しないことを確認した上でなければ受理されない。

　第2に，届出には公示の意味がある。届出が受理されれば，原則として夫又は妻いずれかの選択された氏により新戸籍が編製されることにより公示される。不当な目的によるものでない限り戸籍謄抄本，記載事項証明の交付請求が認められている（戸10条）。

　第3に，届出には当事者の意思を確認・確保する手段としての意義も認められる。そして，意思の確認・確保が必要なのは事柄自体の重要性ゆえに慎重に意思を確認することが考えられるが，それだけでは説得的理由にはなりえない。そこで意思を支える理由の希薄さ・曖昧さを補うということを指摘されている（道垣内弘人・大村敦志「民法解釈ゼミナール⑤」4頁）。この第3の指摘に特に留意しておきたい。

　ところで，意思確保の方法として方式が必要とされるとしても，それが「届出」でなければならないということにはならない。他の手段でも可能である。にもかかわらずわが国でなぜ届出主義が採用

されたのか，について次のように敷衍される。

　「日本の在来法（江戸時代）においては，武士層では主家への願出が行われていたが，庶民層では慣行に基づく儀式が行われるだけであった。明治政府はこれを願出主義に一元化する方針を採ったが，容易に浸透しなかった。そこで民法典は非常に簡略化された届出主義を採用することによって，婚姻の成立への国家の関与をともかくも確保しようとしたのであった。

　このような届出の意義と届出主義採用の経緯をあわせ考えるならば，婚姻意思は届出によって確認するというのが日本法のシステムの本来の姿であったと思われる。」

　問題は婚姻意思を届出時に確認するという本来の趣旨が「届出」と「当事者の合意」とを結合させることなく，単純に届出を当事者の自由意思に委ねたという点であろう。

　それを現行の届出の方法からみてみよう。

(4)　届出（婚姻）の方法

　婚姻の届出は，戸籍法の定めるところにより，当事者双方及び成年の証人２人以上が署名した書面でこれをしなければならない（民739条１項，２項）。口頭でも可能であるが，実際は書面による届出か殆どである。したがってここでは口頭の届出については触れないことにする。

　書面による届出に際しての届書の様式は法定されている（戸28条１項・戸規59条→出生届・婚姻届・離婚届・死亡届の４種が法定されている）。婚姻届については，戸籍法は，書面による届出の記載事項として，一般の記載事項（戸29条，35条）のほかに，「夫婦が称する氏」及び「その他法務省令で定める事項」を記載すべきもの

と定めている（戸74条）。「その他法務省令で定める事項」は戸籍法施行規則56条に規定されている。

　このような規定に基づいて書面で「届出」をするに際しては，届出人である婚姻の当事者は，前記所要事項を記載したうえ，双方が署名捺印し（戸29条），また，成年の証人（２人以上）から届書に出生の年月日，住所及び本籍を記載のうえ，署名捺印をえて（民739条２項，戸33条），提出することになっている（戸25条）。

　ところでこのような書面による届出については，従来から解釈上・運用上問題となる点として指摘されている事項があった。

　その１つは本人の依頼によって他人が代署（署名の代行）してなされた届出の効力である。これは旧法時代から論議された問題であるが，時代の進展した現代において改めて問い直してみる価値がありそうである。

　前記のとおり民法739条２項の規定は，当事者双方の署名を要求しているのに対し，戸籍法施行規則62条１項は，「届出人，申請人その他の者が署名し，印をおすべき場合に，印を有しないときは，署名するだけで足りる。署名することができないときは，氏名を代書させ，印をおすだけで足りる。署名することができず，且つ，印を有しないときは，氏名を代書させ，ぼ印するだけで足りる。」と規定し，更に同条２項において，「前項の場合には，書面にその事由を記載しなければならない」と規定している（ちなみにこれと同旨の規定は大正３年戸籍法では68条に置かれていた）。そこでこの両者の関係をいかに解するかということが問題となるのである。

　学説は一般に，自署をもって届書受理の要件（つまり，戸籍事務管掌者は代署による届書の受理を拒むことかできる）とするが，た

だ成立の要件ではない（受理されれば婚姻は有効に成立する）と解している。その理由について我妻栄博士の見解を引用しよう（同著「親族法」42頁以下）。

「婚姻（縁組も同じ）のような重要な身分上の行為は，本人自身の意思に基づくことを保障するために，自署を要求すべきであって，民法が婚姻（民739条2項），離婚（民764条による739条の準用），縁組（民799条による739条の準用），離縁（民812条による739条の準用）について，とくに『当事者双方…から，署名した書面で…』といっているのは，その趣旨とみるべきである。そのことは，他の創設的届出，例えば認知について，『戸籍法の定めるところによってこれをする』といっている（民781条）のと異なることは明らかである。従って，戸籍法施行規則62条が，届出人が署名することができないときは代書捺印だけでよいが，その場合には『書面にその事由を記載しなければならない』と定めているのは，出生・死亡などのような報告的届出の他は，認知のように民法が届出の方式を戸籍法に譲っているものにだけ適用される一般規定であって，婚姻・離婚・縁組・離縁の4つの届出には適用されないといわねばならない。そうだとすると，代署の届書は，戸籍吏において受理を拒むべきである。しかし，誤って受理されたときは，742条2号但書によって有効となる。けだし，当事者の婚姻意思の合致があり，かつその届出が受理された以上，署名が代署であるだけの理由でその効力を否定することは過ぎたものだからである。」

他方，判例と戸籍実務はどう考えているかについてみてみよう。判例は，代署による届書が受理された以上有効となるという結論においては前記学説と同様であるが，そもそも戸籍法施行規則62条が

婚姻・離婚・縁組・離縁の届書に適用があるかどうかの点について
は学説と見解を異にし，これを肯定し，理由を付記すれば，代署も
許され，また理由を付記しない場合にも，受理されれば有効となる
としている（大判大正5・5・11民録22・940ほか）。ちなみにこの
大審院大正5年の判決は次のように説いている。「旧戸籍法（筆者
注・明治31年戸籍法をいう）第44条ニ届出人之ニ署名捺印スルコト
ヲ要ストアルハ届出人ノ自署自捺ヲ必要トスルニ非スシテ届出人ノ
意思ニ基キ其氏名ヲ記載シ印章ヲ押捺スルヲ以テ足レルトスル趣旨
ナルコト同法第218条第1項ニ照シテ明カナリ而シテ届出人カ氏名
ヲ代書セシメタルトキハ其事由ヲ書面ニ附記スヘキコト同条第2項
ニ規定スル所ナレトモ這ハ届出ノ正確ヲ期スル為メノ注意的規定ナ
レハ其附記ナキ届出ヲ全然無効タラシムル趣旨ト解スヘカラス」と
している。最高裁になってからのものでも養子縁組に関する事案で
「養子縁組届書に届出人の氏名が，代書された場合にもその事由の
記載を欠くも，その届出が受理された以上縁組は有効に成立する」
旨判示し，養子縁組のような創設的届出の場合にも，当然に戸籍法
施行規則62条の適用があることを前提としている（最高裁昭和31・
7・19民集10・7・908頁）。

　また戸籍先例は，かつては学説と同様に，代署は絶対に許さず，
自署を要するとしていた（大正5・2・4司法省民1851号法務局長
回答・昭和11・9・24司法省民甲1159号民事局長回答）が，後にこ
れを改めて判例に同調している（昭和14・10・9司法省民甲1100号
民事局長通牒）。これは戸籍事務管掌者には，届出の受理に際し，
その書類の実質的審査権が認められておらず，したがってその届出
の署名が自署によるものか，代署によるものかを実質的に審査する

ことができないところから，代署による届出も受理せざるを得ない
ものとするもののようである。

　現行の扱いがそれで確定しているということを前提にしつつも果
たしてそのような解釈を今日においても貫くことが果たして相当か
どうかは検討の余地があるのではなかろうか。

　先例の立場を正当化する理由として「代署は単に署名のみを代わ
ってするにとどまり，代理人による届出となるものではなく，しか
も戸規則62条はやむを得ない場合における当事者の便宜をおもんぱ
かって定められているのであるから，この場合においてもやはり代
署は許され，調印も他に委託できると解するのが妥当である。」（青
木義人・大森政輔「全訂戸籍法」214頁，同旨・大森政輔編「セミ
ナー戸籍実務」206頁）。こうした見解は前記大審院大正5年5月11
日判決と同じ論理に基づいているものといえよう。

　こうした考え方については前記の学説からは次のような批判があ
る。「つまり，戸籍事務管掌者は，実質的審査権をもたないから，
自署を届書受理の要件としてみても，その実効を保障する途は十分
ではないとの反論もあろうが，とくに民法が自署を要求しているの
に，これを戸籍法令の規定で崩してしまうことは妥当でなく，最近
においては，婚姻届については，自署の風習が次第に多くなりつつ
あるのであるから，自署の建前を堅持し，少なくとも，手書きでな
い場合や，代署であることが明らかな場合（例えば，当事者双方及
び証人の氏名がすべて同一筆跡であるとみられるとき）には，たと
え代署の理由が附記されていても，戸籍事務管掌者は，自署を要求
して，受理を拒むべきものと解すべきであるとする」（我妻栄「親
族法」43頁）。

　こうした論争が行われた当時は今日問題とされているような虚偽・仮装の婚姻届等は多分予測の範囲外であったと思われる。論争の直接的争点は本人の依頼に基づく代署の許否にあるが，問題の核心は単純な代署の許否という方法論の問題ではなく，自署を要するとするか代署も本人の意思に基づくものであれば問題なしとするか，について，いずれがより理念的に実体法たる民法の趣旨に即したものといえるかであろう。そのような視点で考えれば婚姻の合意そのものについて届出という方式を必要とする民法の趣旨には自署をもって届書受理の要件とする学説のほうがより整合的であると思われる。後に少し触れたい。

　次の問題は「届出」の方法に関する問題である。民法及び戸籍法令の規定は，婚姻の届書を戸籍事務管掌者に提出する方法ないし経路については，何らの制限を設けていない。

　戸籍法27条は「届出は，書面又は口頭でこれをすることができる」とするのみでありそれをどのような方法で行うかについては何も示してはいない。届書の提出は，届出人自らが持参する必要はなく（明治31・7・26民刑569号民刑局長回答），それは，創設的届出についても異ならない（大判大正5・11・6民録940頁）。郵送でも可能である（戸47条）。

　また，他人に託して提出してもよい，この場合は受託者は単に伝達機関にすぎず代理人ではないから，代理委任状の添付を要しないとされている（明治31・8・20民刑973号民刑局長回答）。

　現在のこうした扱いは届出をできるだけ簡便に行えるようにして，届出を奨励しようとしたという事情によるものであろう。こうした扱いの根拠とされている判例・先例が多く明治・大正年間のもので

あることはそのような措置の妥当性を肯定する縁ともなる。つまり，明治民法の立法者が「届出なければ身分行為なし」の原則を採ったのは，身分関係を法律上明確にすることにあった。そう考えた上で，当時届出（ないし登録）なしの「事実主義」に慣れて来た人々の間に届出の実効性を確保することを期待するためにはできるだけ「届出」が容易に行えるようにと考えたのは十分に納得できることである。

　しかし，今日においてもそのような要請を維持すべきかといえばその必要度はかなり減少しているといえるのではなかろうか。否「届出」自体は定着しているといえよう。問題はこのような簡便さが「悪用」の標的になっていないかどうかである。さらにはこのような扱いを継続することが「届出」によって婚姻等が成立するとの意識を育む上での大きな障害になっているのではないかということである。

　加えて「届書」（婚姻）自体の様式についても現行の様式でいいのかどうかも検討されてしかるべきであろう。当事者の婚姻意思の存在と合意を表す形式としてはいかにもシンプルである。証人欄も同様である。当事者の婚姻意思の合意を確認した旨の署名程度は要求してもいいのではなかろうか。

(5)　若干の考察

　届出（婚姻）についての現行制度とその問題点の若干についてみてきたが，今後の検討の参考のために今少し問題とされている事項等について触れておきたい。

　届出制度の問題としてまず挙げられるのは，戸籍事務管掌者に実質的審査権がないということがよく指摘される。形式的な不備がな

い限り受理せざるを得ないから，偽造の届出がなされても，また，いったんは届出に合意して届書に署名捺印した後でその意思を失った場合でも，あるいは何らかの便法としての届出であっても，形式上の不備がなければ届書は受理されてしまうというわけである。確かにそれは正当な指摘である。しかし，問題をいきなりそのような形で処理してしまうと議論にならない。問題はその対応として戸籍事務管掌者に一般的に実質的審査権を与えるというようなかなり実現性の低い問題提起としてではなく，現行の形式的審査権の行使の枠内でも可及的に正当な届出を維持するために工夫すべきことがあるかどうかである。

　現行の届出制度が当事者の婚姻等の合意を確認するための手続として不備であるということを自覚した上でその不備を補う事柄はないかどうかを考えてみることも必要であろう。そのように考えると結局は「届書」そのものにおける記載にどのような法的位置づけをするかという問題と「届出」の方法ないしは「届出」がなされたときの処理の内容が当面の焦点とならざるを得ない。

　まず「届書」（婚姻）そのものの記載の法的位置づけを考えてみよう。

　届書のフォームは法定されている（戸28条，戸規59条）。①当事者双方を特定する事項と②戸籍編製のための「氏」と「本籍」の場所の特定，そして③証人欄の３つから構成されている。このうち①の部分については当事者双方が各別に所定事項を自ら記載することは至極当然のことであろう。民法は当事者双方の署名を要求している（民739条２項）。さらに戸籍法はそれに捺印することを求めている（戸29条）。民法が婚姻の届出に自署を求めているのは，本人の

意思に基づく届出であることを明らかにするためでありそれによって その内容の真実性を一般的に担保しようとしているわけである。 従って，代署した届書の効力に関しては既に述べた学説の立場が支 持されるべきであろう。この点については改めて見直してみること も検討されてよいのではなかろうか。

　これに対するに形式的審査権の内容で反論するのは必ずしも妥当 とは思われない。ここではまず民法のレベルで婚姻成立要件として の届出の要素たる「届書」の作成をどう位置づけるべきかという理 念が問われなければならない。例えば，当事者双方の筆跡が全く同 一であるような場合には「本人の意思」に基づくことに疑念がある わけであるからその受理を拒むのは民法の立場からは当然であろう。 最近世間を騒がせた報道に複数の女性をホテルに長期間監禁したと いう事件がある。この事件の加害容疑者は監禁対象の女性に対して 自己との婚姻届を作成させしかも全ての記載欄をその被害女性に記 載させていたといわれている。使用させた印鑑も全ていわゆる三文 判であるといわれている。この婚姻届が受理されたかどうかは定か ではない。しかし，受理される可能性は極めて高いのである。しか し，民法に忠実に「自署」を求める取扱いをするとすれば未然に防 止できる可能性はあるのである。しかし，繰り返すがここでの問題 意識は未然防止云々の前に「届書」記載のありようを問題にしてい るのである。従って，その場合に自署を求めても自署かどうかの確 認ができないから結果は同じではないかという批判は問題意識を異 にするもので当たらない。もっとも届出人側に過重な負担をかける のは逆作用をもたらすことにもなるから慎重でなければならないが， 届書に自署を求める扱いは全く問題にならないであろう。自署の不

可能な場合は別途の方策を考慮すれば足りるからである。

　さらに③の証人欄の記載である。そもそも何のために証人を要求するのであろうか。証人は婚姻が当事者双方の真意に出たものであることを証明する役割を期待してのものであろう。つまり「婚姻意思」の存在を担保する極めて重要な役割を期待されているわけである。ところが現実の届出に当たってそのような意識が伴っているかといえば多分否定的に思わざるを得ない。単なる記載事項の一つぐらいの意識であろう。民法の期待する役割を考慮すれば少なくとも証人の確認した旨の署名とか印鑑証明書とか戸籍抄本等の添付を求めても不思議ではない。あるいは公証役場での確認手段を経ることなども考えられるのである。不動産の登記では申請の真正を担保したり登記義務者の同一性を担保したりするのに形式的書面の提出だけで済むというようなケースはほとんど考えられない。このアンバランスに正当な根拠は見出し得ない。身分行為における事実関係と法律関係の乖離を深めるおそれがあるから財産行為に関する登記手続と同一に論ずることはできないという指摘があるが，少なくとも創設的届出の中の基本的身分関係の形成等については十分に検討に値するものであろう。身分行為における事実関係と法律関係の乖離への危惧もそれにより当該身分行為を規制するほどの負担でなければ問題はない。

　このようにみてくると「婚姻意思の合意」の存在とその証明機能を果たすべき届書の記載のありようは前記のとおり届書の様式それ自体も含めてより民法の理念が具体化するような方向での見直しは必要ではなかろうか。

　次に「届出」の方法である。既に述べたように現在の届出方法は

極めて柔軟である。届出人自身が持参する必要はないし，他人に委託してもよいし，郵送でも可能である。こうした扱いは届出をより迅速に簡便にすることを可能とし身分的事実と戸籍の記載（記録）を可及的速やかに一致させる方策として有効な機能を果たしていることは認めなければならない。問題は届出そのものについての意識が浸透した今日においてもなお維持する必要があるかどうかである。とりわけ留意すべきはこうした便宜的ともいうべき方法がマイナスに作用している点があることである。とりわけ創設的届出においてその感を深くする。

　例えば，当面の婚姻に関していえば，当事者が「届出」そのものによって法律上婚姻が，成立するとの意識を育む上での障害になっているのではないかという点である。今日においてもなお，既に以前に挙式や同棲等の中で表示された婚姻意思並びにそれに基づく婚姻の成立を事後に戸籍事務管掌者に報告するという意識が一般的な常識として存在しているとの指摘は多い。これは，届出が婚姻の儀式と無関係であり，また届出があっても戸籍事務管掌者は婚姻意思の存否の実質的審査をすることができず，加えて，書面による届出の場合には当事者本人の出頭は必要でなく，届書の作成委託はもとより，その代署や郵送まで認められていること等があいまって原因をなしているともいえるからである。少なくとも創設的届出のうち，婚姻，協議離婚，養子縁組，協議離縁に関しては，「身分行為意思」→「届出意思」→「届出」が一体的に顕現されるような方策が検討されるべきではなかろうか。現にそのような方向での改善を指摘するものもある。例えば，民法739条を改正して婚姻の届出は，当事者双方がそろって届出を行うという，いわゆる当事者出頭主義の採

用の提案もある（宮崎幹朗・婚姻法改正を考える会編「ゼミナール婚姻法改正」10頁以下）。また，「原点に戻って届出による意思の確保をめざすべきであるように思われる。市（区）役所で民法752条を読みあげた上で，当事者の婚姻の意思を確認する程度の手続を創設することは検討されてしかるべきだろう」（道垣内弘人・大村敦志「民法解釈ゼミナール⑤・親族・相続」7頁）。いずれも基本原則として導入を検討するに値するアイデアの一つであろう。新しい時代の婚姻届出のあり方についての検討が期待される。

　ただ，こうした提案の実現にはある程度の期間が必要である。そこでここではより現実的な対応策として採られている二つの措置について触れておきたい。いずれも周知のことではあるが関連する事項として整理しておきたい。

③　届出の正確性の確保のための施策とその評価

　戸籍法は，虚偽の届出を防止し，戸籍の記載が真実の身分的法律関係を如実に反映することを確保するために，各種の手続的規制を設けている。しかし，現実の届出においては一方的又は虚偽の届出が受理され，それに基づく記載がなされてしまうことも少なくない。このような結果はさらに戸籍訂正という手続とそのためのコストを求めることになるだけでなく，戸籍の機能を著しく損なうことになる。しかし，他方で，このような結果を可能な限りで未然に防止する施策も積み重ねられてきた。その象徴的なものがいわゆる「不受理申出制度」と「戸籍の届出における本人確認等の取扱い」である。いずれも「正確な届出」の確保という視点からの措置として極めて重要な機能を果たすものであり，既に述べた「届出」をめぐる問題

点の克服へ大きな作用を果たすものであるといえよう。

(1) **不受理申出制度**

　この制度は昭和27年7月9日付民事甲第1012号民事局長回答により戸籍実務上最初に認められた制度である。事案は，妻から「夫と協議離婚に同意し署名捺印をしたが，その後離婚の意思を翻したので，夫からの離婚届を受理しないよう」申し出るとともに，夫から届出があった時には，妻に連絡するよう依頼があった。その後夫から離婚届の郵送があったため，妻に連絡したところ，妻は直ちに書面で離婚意思を翻したため，離婚届は受理しないようにとの願出書を提出した，というものである。本件で所轄の戸籍事務管掌者たる市長は本件離婚届の受否について，監督（管轄）法務局長に伺いを立てた。その際監督（管轄）法務局長は次のような意見を付して法務省民事局長にその受否について照会している。

　「協議離婚の届出が，当事者の意思に基づかない場合は，離婚は当然無効であることは学説判例の一致するところであり，本件は当事者の一方（妻）が戸籍吏員の面前において離婚の意思がない旨を表明しているのであるから，届出の意思がないこと明らかである。かかる場合は，市長としては，届書の内容を審査するまでもなく，無効のものとして受理しないのが相当であると思考する」。民事局長の回答は「受理しないのが相当である」とするものであった。

　その後，夫婦の一方に離婚届出の意思が当初からないのに，他方から虚偽の離婚届出がされるおそれがあるとして，不受理申出書の提出があった場合もこれを認めた（昭和37・9・27民事甲第2716号民事局長回答）。また，不受理申出を看過して離婚届が受理された場合には，申出人に届出の意思がなかったことの確認が得られれば，

戸籍法24条２項により職権訂正をすることができるものとした（昭和46・２・16民事甲第568号民事局長回答）。さらに具体的処理に当たっては，種々の問題点があったために，昭和51年に従来の先例を整理・改善した離婚届等不受理申出の取扱いに関する民事局長通達（昭和51・１・23民二第900号）及び民事局第二課長依命通知（昭和51・１・23民二第901号）が発せられて現在に至っている。さらに，関連した重要な通達として平成15年３月18日付民一第750号民事局長通達（離婚届等不受理申出の取下げに係る取扱いについて）がある。これは妻からなされていた離婚届の不受理申出に関して夫が勝手に不受理申出の取下書を提出しこれが受理され，次いで協議離婚届が提出されて受理されるという事件（拙稿「真正に疑問のある離婚届の不受理の取下書を漫然と受理した市職員に過失があったとして市の国家賠償責任が認められた事例」判例時報1824号（判例評論535号）187頁）をも契機として発せられたもので，不受理申出の取下書の提出があった場合の取扱いの慎重を期すものである。

　かくして不受理申出制度は「不受理申出」という虚偽不正の届出の事前防止という入口の問題とその効力持続中の効果的対応という中身の問題にプラスして「不受理申出の取下げ」という出口の問題についても所要の措置を講じることによって，限定的とはいえ「正確な届出」の確保，「虚偽・不実届の防止」という目的に大きく貢献する制度として機能することになっていると評価できよう。

　この不受理申出は，婚姻，縁組，協議離縁等の相手方のある創設的届出及び分籍，復氏届等の相手方のない創設的届出についても拡大して認められている。婚姻届に関しても，婚姻届に署名捺印した（または届出を委託した）が，婚姻する意思がなくなったので，婚

姻届を受理しないようにとか，相手方と婚姻する意思がないのに，相手方が婚姻届を一方的に出すおそれがあるので，相手方が婚姻届を提出しても受理しないで欲しいとの申出が可能となるわけである。そのような申出がなされていれば，戸籍事務管掌者は，その形式的審査権の範囲内で，当人の婚姻意思の撤回または不存在を確認できるときは，その届出の受理を拒むことができることになる。縁組届の場合も協議離縁届の場合も同様である。

　ところで婚姻届（縁組届）について不受理の申出をするに当たっては相手方を特定しなければならないものであろうか。通達の文言からは定かではない。離婚，離縁に関する場合は当然のことながら相手方は特定しているから問題にならない。しかし，婚姻，縁組の場合は当事者一方の意思に反する届出を行う者が特定できる場合もあれば特定できない場合もありうる。後者の場合は排除されるのであろうか。届出人となるべき者の意思に基づかない無効な届出の受理を未然に防止するというこの制度の目的からすれば相手方が特定されない場合についての適用を否定する理由はないといえよう。それが効用を発揮するのは申出者を当事者の一方とする婚姻届（縁組届）が提出された時点であるから申出段階で相手方を特定することは必ずしも必要ではないと思われる。戸籍実務もそのような解釈運用を是認しているようである（戸籍誌550号45頁等）。

　この不受理申出制度は昭和27年の最初の関係先例から既に半世紀という経験を重ね，単なる行政サービスという位置づけ以上の役割を果たしている。裁判の場においても，届出時の届出意思の存否に関する形式的審査権の例外をなす制度として位置づけられており，この通達を根拠として一定の本人確認等の法的義務があることも肯

定されている（千葉地裁平成14・1・18判決・判例時報1799号28頁）。

　件数についても平成15年度は44,916件（対前年比281件増）と過去最高の数字となっている（小島敬二「平成15年度戸籍事務概況」戸籍誌767号46頁）。届出の種類別の数字は不明であるが，離婚届に関するものが圧倒的に多いことは推測できるし，その割合は90％を超えているのではないかと思われる。しかし，今後は他の届出についても利用度が増すことも考えられる。

　この制度については「身分上の届書がきわめて容易に偽造されうるという点を根本的に是正するものではなく，偽造を前提とした辛うじての次善策にすぎない」（久貴忠彦「親族法」355頁）という指摘・評価もある。しかし，現行届出制度のもつ一面の欠陥に由来するものとはいえ，その救済にかなりの役割を果たしている事実もまた認められなければならない。ただ不受理申出という行為を前提とするものであるからその限りで限定的・受動的であり，その結果，その効果も一定範囲にとどまることになるのはやむを得ない。

(2)　戸籍の届出における本人確認等の取扱い

　当事者の知らない間に，無関係の第三者との養子縁組届や婚姻届がなされ，戸籍に不実の記載がなされるという事件が数年前続発した。このような事態を受けて虚偽の届出を未然に防止するための方策の検討が喫緊の課題となった。戸籍の窓口において「縁組意思」「婚姻意思」等の身分行為意思の存在について確認しない扱いを奇貨として虚偽の届出が行われるわけである。これは前記の不受理申出制度では限定的な範囲でしか対応できないため，新たな対策の構築が望まれたのである。

　これに対する緊急かつ暫定的対策として示されたのが冒頭にも触

れた平成15年3月18日付け法務省民一第748号民事局長通達及び同日付け法務省民一第749号民事局民事第一課長依命通知である。通達の内容は詳細を極めているが（後記佐藤論文等参照）虚偽の届出の未然防止という効果について「相当の効果が見込まれる未然防止策の策定が十分可能であるとの判断のもとに，発せらるに至ったものである」（佐藤博文「『戸籍の届出における本人確認等の取扱いについて（平成15年3月18日付け民一第748号民事局長通達）』の解説」戸籍誌744号3頁）とされている。

　本件通達は①届書持参者に対する本人確認の実施，②未確認届出人に対する文書による通知，を柱とするものである。対象とする届出は原則として創設的届出のうち，婚姻届，離婚届，養子縁組届及び養子離縁届としている（同通達第1の1）。虚偽届が問題となる届出に限定されているわけである。

　本人確認の対象者は届書持参者（届出人及び届出人以外の者［使者］）である（同通達第2）。

　本人確認の方法は，原則として，運転免許証，旅券等官公署の発行に係る顔写真が貼付された証明書の提示を求めてするものとされている（同通達第3の1）。

　確認の結果，当該届書が偽造されたものである疑いがあると認められる場合には，その受否につき管轄法務局，地方法務局又はその支局の長に照会し，照会を受けた管轄法務局長等は事実関係を調査し受理・不受理の指示を行い，当該指示を受けた市区町村長は，その指示に従った処理をする（同通達第3の4～6）。

　届出人に対する通知に関しては，当該届書に係る届出人のすべてについて本人確認ができたときと，偽造の疑いのあることにより管

轄法務局長等に対し受否の照会をしたとき，を除く場合（郵送の場合も含む）にすることとされている（同通達第5の1(1)〜(3)）。

通知の手段は封書又は本人以外の者が内容を読み取ることができないような処理をした葉書によるものとされている（同通達第5の2(3)）。

また本人確認及び通知に関する事項の届書への記載，確認台帳の調製等の措置も採ることとして，後のトラブル防止策も講じられている（同通達第6及び第7）。

以上が本件通達の概要であるが，このような措置が厳格に運用されるならば虚偽届出の防止に相当の効果を発揮することは間違いない。確認の対象は届書記載の届出人である本人であるかどうかであり，本人の当該身分行為意思の存否ではないけれども，そのことが本件通達の措置の有用性を減殺することにはもちろんならない。現にこの措置が採られて以後虚偽届出事件はかなり沈静化しているのではないかと推測される。その意味でもこの措置は評価されるべきものであろう。

ただ，この措置も行政上の措置として行われるものであり，通達では原則的指針を示した上で，市区町村長の実情に応じた運用も可能な内容となっているため，必ずしも全国一律の基準を提示しているわけではない。また，この措置により届出人側に新たな負担を求めることになるがそれはあくまで協力依頼に屈するもので法的義務と位置づけることは難しいであろうし，本人確認を怠ったために虚偽の届出が受理され戸籍に記載（記録）された場合被害者に対して戸籍事務管掌者が何らかの法的責任を負うことの根拠になりうるのかも疑問があろう。その意味ではより抜本的な対策が法令レベルで

実現することが望ましいしそれは通達文の中に「緊急かつ暫定的な措置」という表現があることからもその方向での検討が当局において十分認識されているところであろう。さらなる措置の実現を期待したい。

④ 終わりに

虚偽・不実の届出を能う限り防止するための施策はさらなる検討が必要であろう。そしてそれには実体法・手続法の双方からのアプローチが必要であると思われるが，その場合でも現行の「届出主義」（届出婚主義）を変更することはまず無理であろう。そうであればその選択肢はその範囲内にあることになる。方向としては前にも触れたとおり創設的届出のうち婚姻，協議離婚，養子縁組及び協議離縁に関しては「身分行為意思」と「届出意思」「届出」が一体的に顕現されるような方策を模索し，届出による意思の確保をめざすか，それが難しいのであれば少なくとも「届書」の記載事項なり添付書面により「意思の確保」が現行制度以上に担保されるような方策が求められることになろうか。

戸籍誌775号（平成17年 8 月）所収

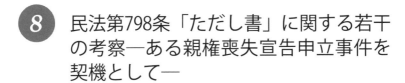

❽　民法第798条「ただし書」に関する若干の考察―ある親権喪失宣告申立事件を契機として―

① はじめに

　民法は未成年者を養子とするには，家庭裁判所の許可を得なければならない，としている（民798条）。これは，未成年者の養子を芸妓とするための養子縁組のように，しばしば子を「喰いもの」にするために利用されたことを顧慮して，昭和22年の改正により新設された制度である。つまり養子制度が家のため，親のために濫用されることを防止し，真に子の福祉のための制度にしようとする趣旨に基づくものであって，子のための養子法の象徴的規定であると理解するのが一般的である。

　しかし，同条はただし書において「自己又は配偶者の直系卑属を養子とする場合は，この限りでない」とする。つまり，この場合は，家庭裁判所の許可を得るまでもなく，市町村長に対する「届出」だけで養子縁組を成立させることができることとされている。この場合は「子の福祉」が害されるおそれがないというのがその理由として挙げられるのが一般的である。

　この「ただし書」については後述するように批判的見解が多い。それについては後に紹介するとして，この「ただし書」が適用される典型的な事例としてはいわゆる連れ子養子の場合が挙げられよう。つまり，離婚した妻が自らが親権者となった連れ子を伴い再婚し，再婚の相手方がその連れ子と養子縁組するケースである。この場合

家庭裁判所の許可は不要であるから仮に子が15歳未満であれば母の代諾による届出のみにより縁組は成立することになる。

　このような再婚型家族（大村敦志「家族法」262頁以下参照・有斐閣）については関係者間の法的処遇をめぐって考慮されるべき問題点が大村教授によって指摘されているところであるが，親族関係形成・効果の側面，親権の帰趨等とともに，養子縁組もその一環に位置づけて検討されるべき問題であるといえよう。

　他方，近時児童虐待等の子どもの人権侵害を惹起する事件が続発していることも衆知のとおりである。しかも，その加害者側に実親と養親が絡む事案が少なくない。連れ子養子における養子が被害者となっている事案である。それが親権の濫用に当たるとして親権喪失宣告の申立てとなって表れることもある。場合によれば親権者変更という処理も養子縁組の時期いかんにより可能な場合もありうる。

　連れ子養子の多くがこのような過程を辿るという認識は論外であるが，問題関心の重要な対象であると認識することも必要であろう。

　おりしも最近児童相談所長が，児童福祉施設に入所している児童の親権者である実母及び養父につき親権の喪失を求めた事案で，これが認められた審判例が公表された（家裁月報57巻12号82頁以下）。この事案は，ひとり親権喪失宣告の是非という問題にとどまらず改めて民法798条ただし書の存在理由についても問題提起をしているように思われる。

　そこでこの審判を契機として民法798条の存在理由と子の福祉の確保という問題について親権の内実という視点をも視野に入れて若干の考察をしてみたいというのが本稿の目的である。

② 離婚と親権の帰趨・未成年養子縁組の実態等

最初に本稿の主題に間接的ではあるが関連する参考的な統計資料を挙げておきたい。

(1) 親が離婚した未成年の子の数

平成12年	平成13年	平成14年	平成15年	平成16年
268,929	295,168	299,525	292,688	275,816

〔厚生労働省・人口動態統計から〕

(2) 「離婚」の調停成立又は家事審判法24条審判事件のうち，未成年の子の親権者・監護権者の帰趨（調停離婚，協議離婚届出の調停成立又は家審法24条による審判離婚事件）

総数	父が親権者	母が親権者	定めなし
19,618	2,562	17,628	26
	［うち母が監護者］	［うち父が監護者］	
	259	26	

〔平成16年司法統計年報・家事編第22表から〕

★ 協議離婚の際に未成年の子がいる場合の親権の帰属がどのようになっているかについては正確に知ることはできないが，母が親権者となる場合が圧倒的に多いといわれている。論者によってはその割合は母親9対父親1という推測をする人もあるが最近は父親が親権者を望むケースも増加しているといわれている。それにしても8対2の割合にまでは達していないのではなかろうか。

(3) 初婚―再婚別・夫婦の組合せ別の婚姻件数の推移

初婚再婚	平成13年	平成14年	平成15年	平成16年
婚姻総数	799,999	757,331	740,191	720,417

組み合せ	平成13年	平成14年	平成15年	平成16年
夫妻とも初婚	630,235	582,785	562,940	541,675
夫初婚・妻再婚	47,939	50,758	50,787	50,773
夫再婚・妻初婚	61,272	62,353	63,387	64,260
夫妻とも再婚	58,692	61,435	63,007	63,709

〔厚生労働省・人口動態統計から〕

(4) 普通養子縁組の実態の素描

普通養子縁組事件はここ10年間を見ても大体8万件前後で推移しており，最近の数年間は8万5千件前後である。そのうち未成年養子として家庭裁判所の許可を得て届出により成立するものは減少傾向を続けており，ここ数年は900件台で推移しており，平成16年度では998件が認容されている。しかし，未成年養子でも家庭裁判所の許可を要しないものは当然のことながら別である。それがどれだけあるかは正確な資料はない。少し古いが興味ある調査がされている。それを紹介しておこう。

一つは，法務省民事局が昭和57年に行った調査である。それによると養子縁組全体の中で，成年養子の占めた割合は66.8％，未成年養子が33％となっている。この未成年養子縁組の内容は，いわゆる連れ子再婚の場合で再婚相手と連れ子が縁組をしたというのが74.8％，自分の孫が16.7％となっており，家庭裁判所の許可を要する縁組は7.6％に過ぎなかったとされている（三浦正晴「わが国における養子縁組の実態」戸籍誌462号）。

　今一つは山本正憲教授の調査されたものである。岡山市を対象地域とされたものであるが，それによると，調査対象1,210人中約60％の709人が成年養子，残り501人のうち半数以上の267人が家庭裁判所の許可を要しない直系卑属養子であり，許可審判養子は234人と報告されている（山本正憲「養子法の研究Ⅳ」139頁・法律文化社）。

　これらの調査結果は今日においてもわが国の普通養子縁組の実態をかなり反映しているものと評価できるのではないかと思われる。とりわけ未成年養子縁組の中で家庭裁判所の許可を要しない縁組の占める割合と連れ子再婚で再婚相手と連れ子が縁組をする割合が極めて高いことは注目すべきことである。

③　民法第798条本文の意義と評価

　民法第798条は未成年者を養子とするには，家庭裁判所の許可を得なければならないとしている。前記のとおり昭和22年の民法改正により新設された規定である。わが国の普通養子縁組は，明治民法以来，未成年養子の場合と成年養子の場合とを問わず，当事者の合意を前提とした届出を行うことによって成立するという契約的構造を持つものであった。このため縁組要件の緩やかさという特質もあいまって多様な目的のために利用され，場合によっては芸妓縁組など，まさに子を喰いものにするような縁組が行われることも少なくなかった。このような濫用を排除して「子のための」養子法として養子となる未成年者の福祉に奉仕する制度として位置づけるために，現行法は家庭裁判所の関与を定めたわけである。それが第798条本文の意義である。この許可は家事審判法において家庭裁判所の甲類

審判事項とされている（家審法９条１項甲類７号・家審規63条，63条の２参照）。もっともこの許可はそれによって縁組が成立するために必要な実質的要件の一つに過ぎない。したがって，許可だけで縁組が成立するわけではない。許可後に，縁組当事者（通常は養親）が許可書の謄本を添付して縁組の届出をすることになる（戸38条２項参照）。

　ちなみに平成16年における新受事件数は1,500件であり，許可のなされた件数は既済事件総数1,446件中998件となっている（司法統計年報・家事編２表・３表より）。単純に計算すれは平成16年に関する限り許可率は69％である。しかし，注意すべきは取下げが既済件数の中の28％に当たる406件もあるということである。却下はわずかに33件に過ぎない。つまり，取下げを除いた件数を前提にすると許可率は96％になる。取下げの理由がどのような事情によるものであるかは不明である。単なる形式的な要件違反なのか，養子となるべき者の意思なのか，縁組目的等の実質的理由なのかはわからない。実務家は「調査・審問の経過の中で，縁組動機・関係実態等が子の福祉に貢献することの少ないことに対する助言や指導がなされた結果によるものと理解する」と指摘されている（鈴木丈夫「家庭裁判所における未成年者養子縁組の許可」判例タイムズ747号218頁）。いずれにしても，この取下げを除けばほとんどが許可されているということである。

　しかし，前記の406件の取下げの存在と同時に33件の事件が却下されているという事実も数字の示す以上の意味を有していると見るべきで本条の存在理由の合理性を裏づけるものといえよう。ところで，許可基準が，当該養子縁組が未成年子の福祉に合致するかどう

かにあるとすることについては異論はない。

そこで許可を否定した審判例の若干を紹介しておこう。

① 学区制を潜脱するためのいわゆる学校養子を否定した審判（札幌家審昭和38・12・2家月16巻5号163頁）がある。大学進学率の高い公立高校に入学させるため，学区制で定められた保護者の要件を充たす手段として養子縁組が考えられたケースである。

② 家名承継の目的のためになされる戸籍上の縁組で，実態は，実父母によって監護養育されている縁組について不許可とされた審判（大阪家審昭和44・4・1家月22巻1号116頁）がある。

③ 養親に子を監護養育する意思も能力もなく，専ら家名および家の祭祀（墓地管理）を承継させる目的でなされる縁組の許可申立てについて却下された申立人が抗告した事件で抗告審においても棄却された事例（東京高決昭和51・4・12判例時報817号71頁）である。

④ 子が芸妓となることが運命づけられる虞れのある縁組についてこれを否定した決定例（東京高決昭和28・12・16家月6巻2号36頁）である。

⑤ 養親となるべき者の老後の世話をすることだけを目的とする縁組が却下された審判として，単身で魚網の洗濯，修理により細々と生計を維持している65歳の老人である甲男が，老後の世話をして貰うために，亡妻の兄の子で17歳の乙女を養子にしようとした事案で否定されたケースがある（金沢家裁輪島支審昭和35・6・4家月12巻9号192頁）。今一つは，縁組後養親子として親子の生活をしようというのではなく，資産も近親者もな

い老後を慰めようとすることだけを目的とした養子縁組が未成
年者の福祉を害するおそれがあるとして否定された審判がある
（熊本家裁御船支審昭和34・10・30家月11巻12号140頁）。

⑥　養母に子を養育する意思がなく，実母にも養育を委ねる意思
がなく，専ら，氏の変更を目的とする縁組が否定された審判が
ある（長崎家裁佐世保支審昭和41・2・2家月18巻9号57頁）。

　許可の基準は，申し立てられた縁組が子の福祉に合致するか否か
であり，縁組の動機，養親側の事情などを総合考慮して許否の判断
がなされていると思われるが，ただ，許否の判断に際し，縁組の実
質的要件が具備しているかどうかまで立ち入って審理判断すべきか
については積極・消極の見解があるようである。いずれにしても要
件違反の明らかな場合に許可することは妥当とは思われない。

　未成年者の養子縁組における家庭裁判所の許可制度が未成年子の
福祉という視点から有用かつ実効的な規定として評価に値すること
は前記の審判例に照らしても明らかであろう。

　もちろんそこでの実効性とは養子となるべき者の福祉に合致した
縁組であることの事前審査的性格と子の福祉を害するおそれのある
縁組の阻止という範囲でのものであって，縁組当事者の事実的養育
関係まで阻止できるわけではない。『「子のため」の養子の理想型が
どのようなものであろうとも，裁判所の許可・不許可の権限によっ
て直ちにその理想を達しうるものでもなく，』という我妻栄博士の
指摘（同著「親族法」273頁・有斐閣）は正鵠を射るものであるが，
しかし，そのことは当然に許可制度の存在意義を否定ないしは減殺
させることにはならないものであると思われる。

　ただ現行の許可制度は許可と養子縁組の届出とに有機的な関係を

もたせていないという点で不徹底であるとの指摘は重要である（青木義人ほか「戸籍Ⅲ・養子縁組—戸籍セミナー—（3）」827頁・有斐閣）。

　なお，余論であるが，この家庭裁判所の養子縁組の許可制度について，昨年10月に開催された全国連合戸籍事務協議会の総会において，成年者の養子縁組についても家庭裁判所の許可を要する旨の法改正を要望するとの決議がなされている（戸籍誌778号33頁以下）。背景に近時続発した虚偽の縁組届出に対する危機感があり，不実の届出を防止するための提案であると思われる。形式的審査権の行使によっては阻止しえない不実の届出を家庭裁判所の関与に係らせることにより未然に防止しようとする意図は理解しうるが，制度としては採り得ない提案ではなかろうか。そこでの許可は未成年者の縁組許可における「許可」とは全く性格を異にするものであり，当事者間の合意を基本とする創設的身分行為の形成には馴染まないものであり，正当性・合理性の論拠に欠けるアイデアというべきであろう。むしろ意思の「確認」的意味ならば議論の余地はあるかも知れない。しかし，それとて全ての縁組にそれを課すことの正当性を見出すのは難しい。不実届出の防止はやはり届出の手続的規制の中で考慮するのが筋ではなかろうか。

④　民法第798条ただし書の意義と評価

　前段において民法第798条本文の規定について素描したのは同条ただし書の置かれた趣旨をより明らかにするためであった。同条ただし書は「自己又は配偶者の直系卑属を養子とする場合は，この限りでない」とし，この場合には，家庭裁判所の許可という要件をは

ずしているのである。

　未成年者の養子縁組について家庭裁判所の許可を要するとしたは，既にみたように親のために濫用されることを防止し，真に子の福祉のための制度にしようとする趣旨に基づくものであった。しかし，前記のただし書は，この原則に対して，自己又は配偶者の直系卑属（連れ子）を当事者とする養子縁組の場合には養子の福祉についてそのような懸念の生ずる余地はない，という判断に基づく例外規定として置かれたものとされている。確かに，典型的事例に属する当面の連れ子再婚の場合における養子縁組でみれば，前段で触れた養子となる子の福祉が害されるおそれありとして許可が否定されたような事情は一般的には存在しないといえよう。縁組の動機，養親子間の監護養育関係の形成，養親としての適格性等の面からも格別子の福祉を害する要因が一般的に存在するとみることは妥当ではないという見方も十分成り立ちそうである。むしろ縁組を介して法定の親族関係を形成させることは養子となるべき者の福祉に益するものともいえよう。それであればこの場合にあえて家庭裁判所の許可を要しないとする立法態度はそれなりに合理的理由があるともいえよう。

　ところがこの点に関する学説をみる限りそのような積極的意義を指摘する見解は見当たらない。むしろ同条ただし書には否定的見解が強い。念のために主要な文献から結論部分だけを紹介してみよう。

　まず我妻栄博士は「798条ただし書は立法論として疑問である。ことにこの場合には，配偶者の同意も不要だからである。」（同著「親族法」274頁・有斐閣）とされる。もっとも配偶者の同意の点については，昭和62年の養子法改正により，配偶者の嫡出の子を養子

とする場合，配偶者の同意を要することになっている（民795条た
だし書・796条）。博士の反対論の主たる根拠がこの点にあったかど
うかは不明であるが，「ことに」という表現からは必ずしもこの場
合だけを反対の根拠とはされていないように思われる。

　次に久貴忠彦教授は「このような場合には養子の福祉について疑
問の生ずる余地はない，というのがかかる例外を設けた趣旨とされ
る。しかしながら，一般的にみて必ずしもそのように断じることは
妥当ではなく，右ただし書はこれを廃止すべきである。」（同著「親
族法」218頁・日本評論社）とされる。

　また，二宮周平教授は「婚姻に際して相手方の子（連れ子）と縁
組するケースでは，家族として共同生活を営むわけだが，本当に養
親子としての関係を築けるかどうかは，また別の問題なのだから，
許可について例外を設けないように改正すべきである。」（同著「家
族法［第2版］」197頁・新世社）とされる。

　さらに中川良延教授も「この例外は，かような縁組においてはお
よそ養子の福祉を害することはありえまい，という判断に基づくも
のと推測される。しかし，この判断がすべての場合に妥当するとは
限らない。したがって，このただし書には立法論上強い批判が存す
るゆえんである。」（「新版注釈民法（24）」248頁・有斐閣）とされ
ている。

　最後に裁判所書記官研修所教材第117号（「親族法相続法講義案
［三訂版］・法曹会）では，「自己または配偶者の直系卑属を養子と
する場合には，子の福祉が侵害されるおそれがないとして，家庭裁
判所の許可を必要としないこととしている。しかし，右の場合でも
必ずしもそのおそれがないとはいえないし，子の氏を変更する場合

に家庭裁判所の許可を要するとされている点（791条）との権衡からみて疑問の余地がある。」としている（筆者注・民791条は昭和62年に一部改正がなされているが本書の記述はそれより以前のものである）。

　このような批判論が展開されている理由はやはり自己又は配偶者の直系卑属を養子とする場合に家庭裁判所の許可要件を一義的にはずすことは子の福祉の維持・確保という視点からこれを一般的に肯定することの妥当性に対する疑問があるということであろう。つまり，798条ただし書はそこでの対象となる「未成年子」にとってはまさに諸刃の剣的存在であるという認識があるのではなかろうか。連れ子再婚をした母親の再婚相手と連れ子が養子縁組をすれば両者の関係は法的には強固なものとなる。否，強固なものとするために縁組が行われる。民法自体がそのことを想定している（民795条ただし書，同817条の３第２項ただし書参照）。その結果，連れ子は単なる姻族関係の地位から脱却して養親子関係の形成（親権の帰属・氏の変更等も含む）をもたらすことにもなる。このような事態はそれ自体は子の福祉という視点から問題があるわけではない。しかし，他方で，婚姻関係が破綻したらどうなるであろうか。縁組関係は解消しない限り残ることになる。いわゆる「ねじれ現象」が発生する。子の福祉を考えるということはそのような事態をも視野に入れたものでなければならない。加えてその子の実父との関係も無視することはできない（以上のような問題認識については大村敦志教授の「前掲書263頁以下・有斐閣」の指摘に負っている）。

　要するに同じような状況に置かれた子であってもそれを取り巻く人間関係は多様でありうる。その場合にそれぞれの人間関係の相対

的・個性的な部分にブラインドして一義的に許可要件をはずすこと
は余程の確信的事情がない限りは説得力をもたない。まして事柄は
子の福祉という重い課題に対する問題である。

　加えて現代は立法当時には予想もされなかった親による子の虐待
という現象が燎原の火の如き勢いで拡大している時代である。その
当事者の中に実母と養父から虐待・暴行等を受けている養子が少な
からず存在する事実は改めて民法798条ただし書について反省を迫
るものというべきではなかろうか。もちろんこの条文のありようが
どこまでそのような問題に貢献し得るかは議論の余地があろう。許
可，不許可にかかわらず関係当事者の事実上の行為までも規制する
ことは不可能だからである。しかし，それでもなお，子の福祉を民
法の立場からその実効性を模索することは意味ある作業といわなけ
ればならない。最近の児童虐待防止法の改正に見られる民法との接
点（親権喪失制度の適切な運用）に意を用いた立法はそのことを教
えてくれているように思われる。

　そこで，以上のような問題意識を前提に冒頭にも述べたように最
近公表された親権喪失宣告申立事件を題材として民法798条ただし
書の問題について考えてみたい。

⑤　民法第798条ただし書の運用に関する戸籍先例

　自己の配偶者の直系卑属を養子とする場合には，家庭裁判所の許
可を要しないとされているが，この点に関連して，そこでいう「配
偶者」とは現在の配偶者を指すというのが戸籍先例の立場である。
つまり，民法第798条ただし書の「配偶者」中には，死亡した配偶
者は含まないと解すべきであるとするものである（昭和23・8・15

民事甲第2413号民事局長回答，昭和24・2・4民事甲第3876号民事局長回答）。したがって，婚姻の解消によって配偶者でなくなった者（離婚前又は死亡前の配偶者）の直系卑属を養子とする場合には，許可を得なければならないものとしている。法文の形式的な文理解釈からは当然にこのような結論が導かれるわけではない。しかし，養子となるべき子の福祉を考えればこの解釈は正当なものであり，学説も支持しているところである。また，養子縁組前に出生していた養子の子は養親の直系卑属ではないから，これを養子とするには家庭裁判所の許可を要するともされている（昭和33・6・13民事甲1206号民事局長回答）。これは解釈上当然の帰結であろう。

6 ある親権喪失宣告申立事件

以下に紹介するのは親権喪失宣告申立事件に関する名古屋家裁岡崎支部平成16年12月9日審判〔認容〕・同抗告審名古屋高裁平成17年3月25日決定〔棄却〕（家裁月報57・12・82頁以下）である。

最初に事実関係をなるべく詳細に紹介することにしよう。問題点の把握のためには有益だと思われるからである。原審の認定した事実は以下のとおりである。

関　係　図

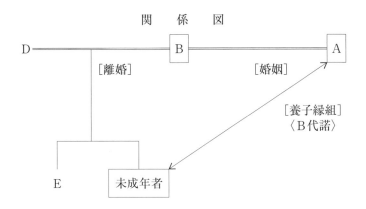

【事実関係の概要】

①　事件本人BとDは，平成5年5月25日，婚姻し，長男である未成年者（平成6年4月25日生）と二男E（平成8年7月15日生）をもうけたが，平成13年7月31日，未成年者とEの親権者を事件本人Bと定めて協議離婚した。

②　事件本人Bは，愛知県□□市内で未成年者とEとともに生活していたが，仕事で夜間に家を空けることも多く，平成14年5月ころからは，仕事の際に未成年者らを事件本人Aに預けるようになった。

事件本人Bは，同年9月ころ，事件本人Aから未成年者の躾ができていないとの指摘を受けて，未成年者の行動を厳しく咎めるようになり，未成年者が言うことを聞き入れないと，躾の手段として，未成年者の顔面を平手で10回程度殴打するなどの暴行を加えるようになり，事件本人Aも同様の行為に及ぶようになった。そのため，未成年者の顔面や手足に痣や腫れがあるのが頻繁に目撃されていた。

③　愛知県○○児童・障害者相談センター（以下「本件児相」という。）は，平成15年2月17日，本件未成年者が事件本人Bと事件本人Aから身体的虐待を受けている可能性があるとして，児童福祉法33条1項に基づく一時保護措置をとり，さらに，事件本人Bが同法27条1項3号の施設入所同意に応じないため，平成15年6月6日，名古屋家庭裁判所○○支部から未成年者を児童福祉施設に入所させることを承認する旨の審判を受けて，未成年者を情緒障害児短期治療施設△△△△に入所させる措置をとった。

●注

＊児童福祉法33条1項

　児童相談所長は，必要があると認めるときは，第26条第1項の措置をとるに至るまで，児童に一時保護を加え，又は適当な者に委託して，一時保護を加えさせることができる。

＊同法27条1項3号

　児童を里親に委託し，又は乳児院，児童養護施設，知的障害児施設，知的障害児通園施設，盲ろうあ児施設，肢体不自由児施設，重症心身障害施設，情緒障害児短期治療施設若しくは児童自立支援施設に入所させること。

＊同法28条1項1号

　保護者が，その児童を虐待し，若しくはその監護を怠り，その他保護者に監護させることが著しく当該児童の福祉を害する場合において，第27条第1項第3号の措置を採ることが児童の親権を行う者又は未成年者の意に反するときは，都道府県は，次の各号の措置を採ることができる。

一　保護者が親権を行う者又は未成年後見人であるときは，家庭裁判所の承認を得て，第27条第1項第3号の措置を採ること。

④　事件本人Aは，本件児相から虐待と扱われたことに怒り，本件児相や□□市教育委員会等に対し，激しい抗議や苦情を繰り返すようになり，平成15年9月18日には，教育委員会職員2名に暴行を加えて，うち1名に傷害を負わせて，逮捕・勾留され，罰金15万円

の略式命令を受けるなどした。

⑤　Dは，未成年者が一時保護されていた平成15年2月24日，名古屋家庭裁判所○○支部に，未成年者についての親権者変更調停を申し立て（同年4月11日不成立により審判移行）同年8月13日，同支部に未成年者との面接交渉調停を申し立てた。

ところが，同年10月17日の面接交渉調停期日において，次回期日が指定されず，上記親権者変更審判について近日中に審判がなされることが事件本人らに伝えられたところ，同月24日ころ，事件本人らが同月27日に婚姻し，事件本人Aと未成年者（代諾者・事件本人B）との養子縁組届出を提出する予定であることが発覚した。

そこで，Dは，事件本人Bの未成年者への職務執行停止を求める審判前の保全処分を名古屋家庭裁判所○○支部に申立て，同月24日，同支部はこれを許容して職務代行者を選任する旨の審判を出し，同審判書は，同月26日，事件本人Bに送達された。

しかし，事件本人らは，上記通達の前日である同日25日，婚姻届及び事件本人Aと未成年者（代諾者・事件本人B）との養子縁組届を提出し，そのため，同支部は，平成16年1月7日，上記縁組によってDが親権者変更を求めることは法律上できなくなったとして，親権者変更の申立てを却下する旨の審判を出した。

●注
＊民法819条6項
　子の利益のため必要があると認めるときは，家庭裁判所は，子の親族の請求によって，親権者を他の一方に変更することができる。
＊家事審判規則72条
　第52条第2項，第52条の2から第55条まで，第60条，前条，第74条及び第75条の規定は，親権者変更に関する審判事件にこれを準用する。

＊同74条1項

　親権又は管理権の喪失の宣告の申立てがあった場合において，子の利益の
ため必要があるときは，家庭裁判所は，当該申立てをした者の申立てにより，
親権又は管理権の喪失の宣告の申立てについての審判の効力が生ずるまでの
間，本人の職務の執行を停止し，又はその職務代行者を選任することができ
る。

＊家事審判法13条

　審判は，これを受ける者に告知することによってその効力を生ずる。（た
だし書略）

＊家事審判規則21条の2

　法（家事審判法）第15条の2の最高裁判所の定める法第9条第1項甲類に
掲げる事項についての審判で戸籍の記載の職託を要するものは，次に掲げる
審判とする。

②　法第15条の2の最高裁判所の定める法第15条の3第1項の規定による審
　判（略）で戸籍の記載の職託を要するものは，第64条の5（略）又は第74
　条（略）の規定により親権者，未成年後見人又は未成年後見監督人の職務
　の執行を停止する審判及びその職務代行者を選任し，又は改任する審判
　（略）とする。

　一方，同支部は，平成15年12月5日，上記面接交渉調停が不成立
になると，同月19日，Dと未成年者が毎月2回程度面接交渉するこ
とを許可する旨の審判を出し，その後，Dは，上記審判に基づいて
未成年者と面接交渉を重ね，未成年者と良好な関係を築いている。

⑥　事件本人Aは，本件審問期日及び家庭裁判所調査官の調査に
おいて，未成年者を躾のために叩いて痣ができたかも知れないが，
虐待といわれるのは到底納得できない，本件児相が事件の責任を全
て認め，担当者が未成年者の誘拐で逮捕されるなどしなければ許す
ことができない，Dが未成年者を欲しければ渡してもいいが，先ず
土下座することが前提だなどと，本件児相やDを激しく攻撃するが，

未成年者の今後の養育や養子縁組解消等について明確な態度を示さない。

　事件本人Bは，本件審問期日及び家庭裁判所調査官の調査において，自分は未成年者を引き取りたいと思っているが，事件本人Aに迷惑はかけられないので引き取るとは言えない，本件児相から虐待について十分な説明を受けていない，離婚の経緯や養育費等のこともあって，Dには未成年者を委せたくはないが，Dが事件本人Aに土下座して，養育費や婚姻中の負債等支払うなら，未成年者を渡してもいいなどと供述している。

　⑦　未成年者は，一時保護後，△△△△に入所して，心身ともに健康を回復しており，家庭裁判所調査官の調査に対して，事件本人らとの面会を強く拒絶する一方で，早くDと一緒に暮らしたいなどと話している。△△△△担当者は，未成年者は1年10か月という長期間の在籍となっているが，既に家庭での生活が可能な状態となっており，1日でも早く施設から出して普通の家庭生活を送らせることが未成年者にとって最も幸福と考えられるなどとしている。

【家庭裁判所の判断】

　上記認定事実によると，未成年者は既に心身ともに安定し，児童福祉施設入所が相当長期間に及んでいる現状では，早期に未成年者を退所させて，家庭生活を送らせることが未成年者の福祉にとって重要であるところ，未成年者の事件本人らに対する拒否感情や事件本人らの上記発言及び態度等に照らして，未成年者を事件本人らに引き渡すことは明らかに未成年者の福祉を害するものといわざるをえない。

　加えて，事件本人らは，本件児相から虐待といわれたことに強く

反発して，本件児相への激しい抗議行動等に終始し，未成年者の監護養育や施設の早期退所の必要性等についての配慮が全くうかがわれず，むしろ，上記養子縁組の経緯や事件本人らの発言及び態度等からは，未成年者についての親権を本件児相への抗議行動やDに対する謝罪，金銭要求の手段としているのであって，こうした事件本人らの態度は，未成年者の福祉を著しく損なうものであり，親権の濫用といわざるを得ない。

　したがって，未成年者を事件本人らの親権に服させるのは不相当であり，事件本人らの未成年者に対する親権をいずれも喪失させるのが相当である。

【抗告審の判断】

　原審の親権喪失宣言申立に対する認容の判断に対して抗告人（B・A）が即時抗告をした。しかし，抗告審も抗告人らの親権をいずれも喪失させるのが相当であるとして抗告を棄却した。その判断の中で抗告事由についていずれも理由がないとしている。

　以上が本件の内容である。次に項を改めてこの事件の内容を分析してみよう。

7　本件の分析

　本件は児童相談センター長が行った親権喪失宣告申立事件である。児童福祉法第33条の6は「児童又は児童以外の満20歳に満たない者（略）の親権者が，その親権を濫用し，又は著しく不行跡であるときは，民法第834条の規定による親権喪失の宣告の請求は，同条に定める者のほか，児童相談所長も，これを行うことができる」としている。本件もこれに該当するものである。ただ現実には児童相談

所長からの請求件数は極めて低いと言われている。平成10年では児
童相談所長からの請求件数は９件，うち認容は２件という数字が紹
介されている（内田貴「民法Ⅳ」［補訂版］241頁・東京大学出版会）。

　もっとも親権喪失宣告の全体の申立件数そのものが極端に少ない
ことも指摘されているが最近は漸増の傾向にあるように思われる。
虐待事件等の増加と児童相談所の姿勢の変化もあるのではないかと
思われる。ちなみに平成16年の司法統計年報によれは親権（管理
権）の喪失の宣告・取消しの受理件数は，167件であり，同年にお
ける既済事件115件のうち認容は30件（これは前年比でもかなりの
増加である），却下24件，取下げ61件となっている。それにしても
このような案件は事態が深刻な場合に限定されているのが現状であ
ろうことは推測に難くない。ただ，本件の場合は児童が施設に入所
していたという事情が申立てについてプラスに作用したものであろ
うと思われる。その意味で一つの参考となるのが家庭裁判所におけ
る児童福祉法28条事件（特別家事審判規則18条参照）の数字である。
平成16年の司法統計年報によれば受理総数27件，同年における既済
件数221件のうち認容は163件，却下は９件，取下げが44件となって
いる。こうした数字が親権喪失宣告申立に直ちに連動するわけでは
ないが当該申立てに積極的要因となるものかどうか注目したい。

　さて，本件は直接的な主題は親権喪失宣告申立てであるが，事案
の経過・内容が示すように，児童虐待，親権者の変更，審判前の保
全処分，親権の濫用，事件本人の婚姻，養子縁組等，事件の背景，
関連の申立て，身分行為等極めて注目すべき法的論点が散りばめら
れている。そして，これらは本稿の主題である民法798条ただし書
の問題を含めて「子の福祉」という視点からも汲み取るべき問題が

多い。それらについて若干の検証をしてみたい。

(1) 児童虐待の定義と実情

　本件の背景事情の一つとして重視すべきは未成年子に対する虐待の事実である。児童虐待とは何かについては児童虐待の防止等に関する法律により以下のように定義されている。

> 第2条　この法律において，「児童虐待」とは，保護者（親権を行う者，未成年後見人その他の者で，児童を現に監護するものをいう。以下同じ。）がその監護する児童（18歳に満たない者をいう。以下同じ。）について行う次に掲げる行為をいう。
>
> 1　児童の身体に外傷が生じ，又は生じるおそれのある暴行を加えること。
>
> 2　児童にわいせつな行為をすること又は児童をしてわいせつな行為をさせること。
>
> 3　児童の心身の正常な発達を妨げるような著しい減食又は長時間の放置，保護者以外の同居人による前2号又は次号に掲げる行為と同様の行為の放置その他保護者としての監護を著しく怠ること。
>
> 4　児童に対する著しい暴言又は著しく拒絶的な対応，児童が同居する家庭における配偶者に対する暴力（配偶者（婚姻の届出をしていないが，事実上婚姻関係と同様の事情にある者を含む。）の身体に対する不法な攻撃であって生命又は身体に危害を及ぼすもの及びこれに準ずる心身に有害な影響を及ぼす言動をいう。）その他の児童に著しい心理

> 的外傷を与える言動を行うこと。

　この規定は平成16年の改正により，３の同居人による虐待の放置，４のいわゆるDVを新たに加えて整備されたものである。近時の児童虐待の実態を考慮して追加されたものである。虐待の態様は多様でありうるが，最大の問題はやはり親によるものである。執拗な暴行・折檻が躾の一環と称して行われその結果として往々にして児童が死に至る事件が続発しているのが現実である。筆者の住んでいる地域では連れ子再婚的家族状況のもとでの親（同居人含む）による虐待による死亡事件が数件連発している。ちなみに愛知県内で９か所ある児童相談センターが在宅指導している虐待事案は現在，850例あるとされている（中日新聞・平成17年12月29日県内版）。驚くべき数字である。

　なお，全国の児童相談所における過去５年間の児童虐待相談件数を参考までに紹介すると以下のとおりである。その増加傾向には著しいものがある。親子法の立場からも無視し得ない問題提起ととらえるべきであろう。

年　　度	H12	H13	H14	H15	H16
受付件数	18,804	24,792	24,254	27,600	34,368
処理件数	17,725	23,274	23,738	26,569	32,979

全国児童相談所長会議資料（平成17年６月20日）
　なお，平成16年度の件数については，速報値であり今後数値が変動することもあり得る，とされている。

(2) 親権者の変更と審判前の保全処分

　本件未成年者の実父であるDは，本件未成年者が一時保護されて
いた時期に親権者変更（B→D）の調停を申立てたが不調に終わり，
審判に移行したが，この審判がなされる時期が事件本人らに伝えら
れたところ，極めて近い時期に，事件本人B・Aが急遽婚姻届（そ
れまでは事実婚の状態）と事件本人Aと未成年者（代諾者・事件本
人B）との養子縁組届を提出する予定であることが発覚した。そこ
でDは，事件本人Bの未成年者への職務執行停止を求める審判前の
保全処分を申し立てた。

　親権者の変更はもとより民法819条6項の規定によるものである。
離婚後は父母の一方の単独親権となるが，子の利益のため必要があ
ると認めるときは，家庭裁判所は子の親族の請求により，親権者を
他の一方に変更することができる。子の「福祉」を考慮した規定で
ある。本件の事実関係のもとでは実父Dへの変更が認められる蓋然
性が高いケースといえよう。そして，もし，これが認められ効力が
発生しておれば事態はまた異なる方向つまり本件未成年子の「利
益」にかなうひとつの条件が成就していたはずである。

　ところが事件本人B・Aはそのような事態を回避するために婚姻
届と養子縁組届を出すことによりこれに対抗しようとしたようであ
る。そこでDは，さらにその対抗策として，事件本人B（親権者）
の未成年者への職務執行停止を求める審判前の保全処分を申立てこ
れが認容され，職務代行者を選任する旨の審判が出されたのである。

　この審判前の保全処分は昭和55年の家事審判法の改正によって導
入された制度である。つまり，強制執行を保全し，又は事件の関係
人の急迫の危険を防止するため，必要があるときは，家庭裁判所は，

審判の申立人の申立てにより，仮処分等の審判前の保全処分を命ずることができるものとされた（家審法15条の3，家審規52条の2）。事案によっては極めて有効な規定である。

　本件に類似の事案での審判例がある。未成年者の長男Bにつき，非親権者母が親権者父の親権行使に危惧を抱き，親権者変更を申し立てたケースである。父は長女Aが後妻に馴染まないため，折檻をして死亡させたことがあり，長男Bについて親権者変更を回避するため，代諾によってBと後妻との養子縁組をするおそれがあるとし，本案審判の確定まで，親権者父の職務の執行停止を命じ，職務代行者を選任する審判前の保全処分をしたものである（金沢家審昭和58・4・22家月36巻8号118頁）。

　本件でも前記のとおり保全処分が認容され職務代行者が選任される旨の審判が出されたのである。ところが事件本人らは当該審判書送達の前日に婚姻届と養子縁組届を提出しこれが受理されていたのである。つまりこれによりDが親権者変更を求める法律上の根拠が失われたわけである。したがって，家庭裁判所はDからの親権者変更の申立てを却下したのである。却下せざるを得なかったというほうが正しいかも知れない。

　離婚によって子の親権者となった父又は母が再婚し，父又は母の配偶者が子と養子縁組をした場合，子は養親と実親との共同親権になるとするのが通説であり，戸籍先例も同様である（昭和25・9・22民事甲第2573号民事局長通達ほか）。この立場からは前記の婚姻と養子縁組が成立している限り実父Dに親権者変更の余地はなくなるという結果は避けられない。もっともこの場合でもなお実父Dは親権者変更の申立てをすることができるのではないかという問題提

起も不可能ではない。実親（潜在的親権者と見得る）でありながら自己の意思に関係なく一方的に親権者たりうる可能性を奪うことの根拠として再婚と代諾養子縁組が正当性をもちうるかについては疑問がないわけではない。まさしく民法798条ただし書の妥当性の一端がここにも表れているのである。事柄は親権制度の根幹に関わる問題ではあるが検討に値しよう。しかしその点はともかくとして，いずれにしても，現行法の親権者変更は父母の一方の単独親権行使の状態にある場合に限られ，実親と養親の共同親権行使の状態にある場合は認められないと解さざるを得ないであろう。

　ここまでの問題を本件「未成年子」の福祉という視点からとらえてみると，事件本人Ｂ・Ａの採った行動の中で「養子縁組届」（婚姻届も手段と見得る）は本件抗告審も指摘するように，その主たる目的はＤに対する親権者変更を実質的に阻止する点にあったものと評価すべきものであろう。同時にそれは後に触れるが本件養子縁組について「縁組意思」の存否という点でも問題を含むものと思われる。いずれにしても「子の福祉」のためという理由も事情も見出すことは困難であり，逆に法の規定を裁判闘争の手段として利用しているに過ぎないとみるべきであろう。

(3)　**親権の濫用**

　本件は数少ない児童相談所長からの親権喪失の宣告の申立て事案であるが，もとよりその原因は親権の濫用である（民834条，児童福祉法33条の6）。親権の濫用とは「要するに，監護教育の職分を不当に行使しまたは不当になおざりにして，子の福祉を害することである」（我妻栄「親族法」347頁・有斐閣）。本件はまさしく監護教育の職分を不当に行使したという範疇に属するものである。しか

も，その行使が未成年者以外の者に向けられた行為が問題とされた点でも特徴的である。要は個別事案における親権行使の名のもとに行われる行為の実態を総合的にとらえて，それが親権を喪失させるに値するほどに「子の福祉」を害する行為と判断できるかどうかにある。その意味では本件審判（決定）は親権喪失の具体的事由に注目すべき事例を加えたものと評価できよう。

　つまり，本件審判は，親権濫用の結論を導くに当たって，二つの方向からのアプローチをしている。

　一つは現に親権者の立場にある事件本人Ｂ・Ａに対する未成年者の拒否感情（審判当時10歳前後）と本件申立て後の事件本人らの言動等に照らして未成年者を事件本人らに引き渡すことが明らかに未成年者の福祉を害するという認識を示している点である。この部分は親権濫用そのものについての説示というより「子の福祉」の理念を可能な範囲で貫くことが優先課題であることを強調するためのものといえよう。

　そして，今一つはこのような事情の存在に加えて，事件本人らが「虐待」の嫌疑に関する本件児相の認識に対して激しい抗議行動に終始するばかりで，未成年者の監護養育や当面の課題である施設からの退所の必要性等についてのいわば本来「親権者」として最も関心と行動を求められる部分に関しての配慮が全くうかがわれないこと，そして，養子縁組の経緯や事件本人らの言動からは「親権」を本件児相への抗議行動や実父Ｄに対する謝罪，金銭要求の手段としている点をとらえ，こうした言動は未成年者の福祉を著しく損なうものであり，親権の濫用に当たるものと評価しているのである。

　前記のとおり親権行使の態様が直接的に未成年者に向けられてい

る行為ではなくとも「親権濫用」に当たる場合があることを示した点でも特徴的である。親権行使に内在する社会的責任の放棄ともいうべき行為についてまさに親権の権利性よりも義務性に軸足を置いた正当な判断というべきである。親権喪失宣告はまさに親権そのものつまり親から一切の権限を奪う措置であるから相応の事由の存在が求められることは当然であるがしかしキーワードは「子の福祉」にあることの確認こそ求められているのが現実であることを考慮すれば本件審判の意義は重い。もとよりこのような結論が常に妥当なものということではなく，本件未成年者の保護のためには他に取り得る有効な手段がない（親権者変更の途は閉ざされ，施設入所が長期に及び，未成年者自身は早期に家庭生活を送らせる必要がある等の事情の存在）場合に実効的手段となるものであろう。その意味では，子の福祉が問題となる場面について本件と類似した背景，状況の存する場合に先例的意義をもつものといえるかも知れない。

　ちなみに，児童相談所長の申立てにより親権喪失の宣告がなされた例として公表されている審判例としては次の２件がある。一つは，東京家裁八王子支部昭和54年５月16日審判（家月32巻１号166頁）であり，今一つは，長崎家裁佐世保支部平成12年２月23日審判（家月52巻８号55頁）である。いずれも親権者による日常的な性的虐待，身体的虐待が原因とされたものである。いずれも「子」は施設に入所している場合である。

⑷　親権喪失宣告制度の機能

　親権喪失宣告制度は，それ自体は積極的に子の福祉を促進するための制度ではなく，親権者の責に帰すべき事由に基づく親権の義務不履行により子の福祉が著しく害される場合に，事後的に，親権を

剝奪し当該親権者以外の者によって子の福祉を実現させることを目的とするものであり，したがって，この制度が有効に機能するのは，親としての義務不履行により子の福祉を著しく害している親権者から子を法律上引き離すところまでと説かれている（「新版注釈民法(25)」218頁・辻朗・有斐閣）。親権の濫用等が根拠とされている以上そのような限界的機能にとどまることはやむを得ないことである。しかし，そのような見方が親権喪失宣告制度そのものの機能を否定的にとらえる理由とはならないしましてその申立てに消極的になることの正当性の根拠になるものでもない。問題はその運用と喪失宣告後の「子」の保護のための人的整備，施設的整備の充実にあるのではなかろうか。

⑸　本件養子縁組の意味するもの

　本件における事件本人Ａと未成年者との縁組は家庭裁判所の許可を不要とするケースであるから届出のみによって成立した。しかし，特に抗告審の決定が明確に指摘しているように本件養子縁組は親権者変更を阻止するための手段として利用されている。民法798条ただし書の趣旨は明らかに否定されているのである。連れ子再婚における再婚相手方と連れ子の養子縁組，あるいは自己の直系卑属との縁組の多くはおそらく「子」の福祉にも配慮されて行われているのであろう。しかし，そうでない場合も現実に存在し，それが著しく子の福祉を害する結果となっている事案も厳然として存在するのである。既に指摘したように本件で関連する申立てとしてなされた親権者変更審判が効力を生じ実父Ｄによる監護養育が実現していたら事態は別の展開をみたはずである。本件養子縁組はその可能性すら奪ったわけである。この事実のもつ意味は決してこの種事件の多寡

にあるわけではない。そのように考えると798条ただし書はやはり大きな問題を含んでいるといわねばならない。

8　再び民法第798条ただし書について

　以上で民法798条ただし書について，親権喪失宣告申立て事件との関わりにおいて若干の考察を行ってきた。ここではもう一点問題提起しておきたい。それは，前にも少し触れたように本件におけるような縁組は果たして有効な縁組といえるかについての疑問である。

　養子縁組の実質的要件の中で中核的なものは「縁組意思」にあることは説くまでもない（民802条1号参照）。縁組をする意思とは，養親となるべき者と養子となるべき者との間において，社会習俗観念からみて，真に親子と認められるような身分関係の設定を欲する意思である。したがって，単なる方便としての縁組が無効とされるのはそのような理由からである。もちろん婚姻とは異なり必ずしも同棲的共同生活を要素としないともされるが，本件のような未成年子との縁組ではそのような視点は論外である。

　そのような意味における「縁組意思」が本件養子縁組に備わっていたといえるかどうかはすこぶる疑問である。本件審判（決定）も認定しているように本件養子縁組の主たる目的は実父Dに対する親権者変更の阻止にあったことは明らかといえよう。これはまさに方便としての縁組の範疇に属するのではなかろうか。親権者変更認容の審判の可能性を察知してあたふたと届け出られた婚姻届であり縁組届である。もし，実父Dが本件養子縁組無効の訴え（調停，審判で決着する可能性はまずない）を提起したらどうなるであろうか。Dが訴提起権を有することに問題はない。そして，仮に無効が認め

られるとしたら彼への親権者変更の可能性は甦ることになる。798
条ただし書が存在する以上は子の福祉のためにこのような解釈論の
余地はないのかどうか，いかにも生煮えの感がするが問題提起して
おきたい。

　しかし，問題はやはりこのただし書を廃止することが根本であろ
う。全ての未成年の子についての普通養子縁組については家庭裁判
所の許可を要するとすべきであろう。「許可」が子の福祉に合致し
ない縁組を事前に防止するためのものである以上その趣旨は本件の
ような場合にも等しく及ぼされるべきである。

　それでは，仮に本件のようなケースについて家庭裁判所の許可を
要するとした場合，果たして本件の縁組は許可される可能性がある
だろうか。

　家庭裁判所における未成年者養子縁組の許可がどのような形で行
われているものであるかを見ておこう。

　まず申立を受理した家庭裁判所の審理方式は，特別な例外を除い
て，まず家庭裁判所調査官の調査に回し，その調査結果と家事審判
官による審問結果を総合して審判するのが通例であるとされている
（鈴木丈夫「家庭裁判所における未成年者養子縁組の許可」判例タ
イムズ747号217頁）。そして，家裁調査官の調査は，縁組動機・目
的の吟味から始まり，申立人の養親としての適格性，未成年者の生
活状況とこれに基づく円満な養親子関係形成の展望，縁組同意の確
認，等々の各事項につき客観的事実の収集・整理をなし，縁組相当
性の判断に資するための調査結果と所見を提出することになる。

　この報告を受けて家事審判官は，縁組が未成年者の福祉に合致す
るかどうかを中心に許否を判断するとされている。それに加えて民

法の規定する他の実質的要件をも審理の範囲とすべきかについては見解の対立があるが，実務及び通説は積極説に立つとみてよいとされている。

　このような許可審判のプロセスを見る限り家裁における手続は「子の福祉」に留意した慎重かつ多角的な調査を前提として進められているのが実態といえよう。取下げ事件の多いのもその結果とみることも可能であろう。いずれにしてもこのような実態を前提に考えると本件における事件本人Aと未成年者間の置かれた状況からは養子縁組が許可される可能性はほとんどないと見てよいであろう。却下ないしは取下げに終わる可能性が極めては高い。つまり，本件事件本人Aと未成年者間の縁組が民法798条ただし書に該当する場合であっても一般的・恒常的に「子の福祉」が害される可能性はないという立法の趣旨が明らかに否定される場合のあることを意味する。してみれば，未成年者の養子縁組のすべてに許可の網を被せることは合理的理由を有するものといわねばならない。本来は特別養子縁組制度創設の際に，子の福祉，子の利益の確保という視点から普通養子における未成年養子縁組の場合も家庭裁判所がすべて関与するようにして民法798条ただし書を削除するのが妥当であったと思われる。

⑨　終わりに

　今日「子の福祉」を確保しその健やかな成長へいかに助力するかは分野を問わず国家的課題の一つとなっている。私法である民法がどこまでその問題に介入できるかは難問であるが，少なくとも「子の福祉」を立法の趣旨として内含する規定についてはその実効性を

図るための努力は常に心がけられなければならないのではなかろうか。未成年養子縁組の許可制度の例外規定はその象徴的規定の一つではなかろうか。

　　　　　　　　　戸籍誌792号（平成18年11月）所収

⑨ 虚偽の養子縁組届出をめぐって

① はじめに

　平成20年（2008年）5月1日から改正戸籍法が施行され既に1年半が経過しようとしている。この改正は改めていうまでもないことであるが最近のプライバシー（個人情報）保護意識の高まり，個人情報保護法制の一連の整備がされている中で，戸籍情報等の不正取得等の事案が断続的に発生したり，また，消費者金融からの借金等を行う目的で，虚偽の身分届（婚姻届・普通養子縁組届等）を提出し，戸籍に真実とは異なる身分関係の記載がされるという事件も続発したこと等も踏まえて従前の戸籍公開に関する規定を見直しとりわけ第三者からの戸籍情報取得請求のできる場合を制限し，同時に，虚偽の婚姻届等による戸籍の虚偽記載を未然に防止するため届出の際の本人確認などを法律上のルールとして新たに規定したものである。いずれも画期的な改正というべきでその成果が期待されているところである。

　しかしながら最近市区町村の現場において平成19年の戸籍法改正の前後を通じて今日まで法務当局に対して極めて強い要望として指摘されているのが成人間における養子縁組の届出に際して家庭裁判所の許可を要するように法改正して欲しいというものである。もとよりその趣旨は実体を伴わない縁組届出の受理による戸籍の虚偽記載を能う限り事前に防止したいというものであろう。ちなみにその理由とする背景的事情を現場の声を通して見てみると以下のような指摘がなされている（戸籍誌832号33頁以下参照）。

○　消費者金融からの借金を繰り返すため，知人同士で縁組・離縁を繰り返し，氏や本籍を変更する事案の頻発

○　養親とされている者が知らない間に，全く見ず知らずの者が自分の養子となっている事案

○　短期間に親族関係にない成人同士が養子縁組を繰り返している事案

○　同じ人物が複数の人と養子縁組したり，年齢差がほとんどない養親と養子の縁組が繰り返されたり，短期間に養子縁組と養子離縁を繰り返している事案

○　養子縁組の手続きにより氏を変更し，国民健康保険や住民基本台帳カード，運転免許証の取得や再発行を受けた後，短期間で養子離縁となる事例の頻発

等である。

　これらはいずれも戸籍事務を扱う現場からの声であるだけにそれは机上の問題提起ではなくまさしく体験に基づく事例の提示といえよう。そして同時にこれらの多くが実体を伴わないいわば民法上無効の縁組等である可能性も極めて高いものといえよう。しかし，現場においては届書の形式的審査により法定の要件を備えていれば余程の事情のない限りはこれを受理せざるを得ないという立場にあることもありこのような事案を前にしてまさに切歯扼腕の思いを抱いておられる情景が目に浮かぶようである。

　他方，同時にこの問題をいかに解決するかはこれまたしかく単純でないことも確かであろう。今次の戸籍届出の際の「本人確認」の法制化はこの問題に対する有効な手段として機能していることは事実であるがもとよりそれで全て解決するという問題でももちろんな

い。そこには当然のことながら制度上・運用上の限界がある。

　事柄はより根本的には養子縁組という民法上の制度そのもののありようとも深く関わっているし，戸籍法プロパーでの対応も現行法制の枠以外により適切な方策があるかどうかも難問であろう。しかし何かいい解決方法がないかが模索されなければならないことも確かであろう。

　そこで以下においては以上のような問題意識のもとにこの問題を考える場合の視点として必要な事柄と思われる事項について少し考えてみたいというのが本稿の目的である。読者の皆さんがこの問題を考えられる際にいささかでも参考になれば幸いである。

　順序として最初に現行の戸籍法上のルールに即した処理による問題対応のありかたについて簡単に整理しその上で民法上の対応策として提言されている問題等について考察することにしたい。なお，本稿で改正戸籍法というのは平成19年（2007年）4月27日成立同5月11日公布平成20年（2008年）5月1日施行のものを指している。

② 改正戸籍法における戸籍の記載の真実性担保手段の素描

⑴ 戸籍届出の際の本人確認及び通知手続の機能

　平成19年（2007年）の戸籍法改正によりその重要な改正項目の一つとして戸籍の記載の真実性を担保するための法的措置として届出の際の本人確認手続が創設された。この問題については既に平成15年（2003年）3月18日付け第748号法務省民事局長通達（戸籍の届出における本人確認等の取扱いについて）が発せられ市区町村の現場において実施されていた。つまり，市区町村長は，その窓口において届出人の本人確認を行い，原則として届出を受理した上で，本

人確認ができなかった場合には，本人確認ができなかった届出人に
届出を受理した旨を通知するという内容であった。しかし，その後
も虚偽の届出事件が発生・発覚していた。加えて，この通達による
運用は，届書を持参した者が使者の場合や，届出人の一部のみにつ
いて本人確認ができた場合について市区町村の実情により前記の通
知を省略することを許容する等，その取扱いが必ずしも統一的でな
い等の問題があり，戸籍実務の現場から戸籍記載の真実性をより担
保するための法的措置を講じるべきであるという要請がなされてい
たものである。

　改正戸籍法第27条の２第１項及び第２項は，市区町村長は，届出
によって効力を生ずべき認知，縁組，離縁，婚姻又は離婚の届出が
市役所又は町村役場に出頭した者によってされる場合には，当該出
頭した者が届出事件の本人であるかどうかの確認をするために，当
該出頭した者を特定するために必要な氏名その他の法務省令で定め
る事項を示す運転免許証その他の資料の提供又はこれらの事項につ
いての説明を求めるものとし，この確認手続により，届出事件の本
人のうちで，窓口に出頭したことが確認できなかった者がある場合
には，届出を受理した上で，遅滞なく，確認できなかった届出事件
の本人に対し，法務省令で定める方法により，届出を受理したこと
を通知しなければならないこととしている。この新規定により前記
の平成15年３月の通達に基づく取扱いでは必ずしも統一的取扱いが
なされていなかったとされていた場合（届書を持参した者が使者の
場合や届出人の一部のみについて本人確認ができたときの扱い等）
も包括的に統一的取扱いができるようになったわけである（平成
20・４・７民一第1000号民事局長通達第５参照）。

この措置は大きな前進である。本人確認の対象となっている「縁組等の届出」事件は全届出事件数の25％を占めておりこれに出生届出事件と死亡届出事件を加えると全体の75％になる（平成19年度事件数に拠る・戸籍誌823号49頁）。つまり届出によって効力を生ずべき主要な事件はこの措置によりほぼカバーされているわけである。

　この確認手続により，届出事件本人のうちで，窓口に出頭したことが確認できなかった者がある場合には，届書を受理した上で，遅滞なく，確認できなかった届出事件の本人に対し，届出を受理したことを通知しなければならないとされているので，当該通知を受け取った善意の事件本人はその届出が虚偽のものであることを自覚・認識することができるのでその旨の申出等が可能となり事後的とはいえ救済することができるわけである。本件通知の対象者については前記平成20年4月7日通達が類型的に示しているところである。

　これによって少なくとも本人の知らない間に虚偽の縁組等の届出がなされるような事例については相応のセーフティーネットが構築されたといえよう。

　ただこの措置によっても当事者が通謀している場合には前記の通知を出してもほとんど意味はないということになる。そこが射程の限界ということになろうか。もし法改正後も虚偽の縁組届等事件が断続的に発生しているとすればこの類型に属する事例が多いのではないかと推測される。

⑵　縁組届出等の届書が偽造の疑いあると認められる場合の措置

　平成20年4月7日通達は縁組等の届出があった場合，届出の際の確認の結果，当該届書が偽造されたものである疑いがあると認められる場合には，その受理又は不受理につき管轄法務局又はその支局

の長に照会するものとするとしている。これは既に前記平成15年3
月18日通達にほぼ同一内容が示されていたものではあるが，これも
戸籍に虚偽の記載がされることを防止する一つの手段と位置づける
ことが可能であり大いに活用されることが期待される。法令上も戸
籍事務の取扱いに関して疑義を生じたときは，市町村長は，管轄法
務局若しくは地方法務局又はその支局を経由して，法務大臣にその
指示を求めることができるとされている（戸規82条参照）。このよ
うな照会があれば管轄法務局長等は届書の真正性等について関係者
の事情聴取を行い受理・不受理の指示をするものとされている。さ
らに不受理の指示を受けた場合において，犯罪の嫌疑があると思料
するときは，市区町村長は，告発に努めるものとするとしている
（前記平成20・4・7通達第5参照）。最近もこの趣旨に即した照会
がなされた事例が紹介されているので是非参考にされたい（戸籍誌
830号51頁参照）。

(3) 不受理申出制度

　さらに戸籍の記載の真実性を担保する制度として法制化されたも
のとしていわゆる不受理申出制度がある。改正戸籍法第27条の2第
3項は，何人も，その本籍地の市町村長に対し，あらかじめ，法務
省令で定める方法により，自らを届出事件の本人とする縁組等の届
出がされた場合であっても，自らが市役所又は町村役場に出頭して
届け出たことを確認できない限り，届出を受理しないように申し出
ることができるものとし，同第4項は，第3項の申出に係る届出が
あった場合に，申出をした届出事件の本人が出頭したことが確認で
きなかったときは，当該縁組等の届出を受理することができないこ
ととしている。さらに同第5項は第4項の規定により届出が不受理

となった場合，不受理申出をした者に届出があったことを通知することとしている。

　この制度は届出の段階で虚偽のおそれのある届出を不受理とすることにより虚偽の記載がなされることを防止し得る点で前記１の届出の際の確認手続及び通知手続による場合よりもさらに徹底した防止手段といえよう。

　周知のとおりこの制度は従来通達（昭和51・１・23民二第900号民事局長通達）によって運用されていた不受理申出制度をさらに内容を充実させて法制化されたものである。これまた活用の期待される制度であるが内容からすればその利用は限定的にならざるを得ないかも知れない。しかし戸籍の記載の真実性担保に極めて有益な手段たり得ることは間違いない。

(4)　評価

　前記(1)～(3)で紹介した制度の仕組みはいずれも戸籍の記載の真実性の担保を図る措置として極めて有効かつ適切なものであるといえよう。戸籍への登録は，国民の届出に基づいて行われるのが原則であり常態である。そのことを前提として，虚偽の届出を防止し，戸籍の記載が真実の身分法律関係を如実に反映することを確保するために戸籍法は従前から手続的にいろいろな規制を設けているところであり（戸29条，同33条，同49条３項，同86条２項，同38条１項等参照），また，刑罰による制裁も法定されている（刑157条，同159条，161条参照）。

　にもかかわらずかつては予想だに出来なかったような動機等に基づく虚偽の縁組等の届出が最近においてとりわけ顕著に表れるようになってきたのである。しかし，改正戸籍法施行前においては少な

くとも虚偽の届出を防止するために届出をする者が誰であるかを確認する法的手続等は設けられていなかった。今回の改正はその意味で手続法としての戸籍法が虚偽の届出を防止するための方策を可能な範囲で取り込んだ画期的なものと評価できるのではないだろうか。

　問題はなおその網から逃れて不正不実の縁組等の届出がなされている現実を前にしてどのような方策があるかという問題提起がなされているわけである。

③　戸籍法プロパーにおけるさらなる方策はあるか

　既に触れたとおり改正戸籍法における虚偽届出防止の方策は限界があるとはいえ極めて有効かつ適切なものである。それではこれ以外にさらなる検討事項はないだろうか。今回の改正はいわば届出の際の出頭者の確認・特定という側面からのアプローチであった。もし他に検討に値すると思われる問題が仮にあるとすればそれは「届書」の記載事項とその内容チェックのありようということが一応考えられるようにも思われる。これも既に論者によって指摘されてきた問題ではあるが一応一つの問題提起として簡単に触れておきたい。もちろん不正・不実の届出の防止という視点からのものである。

　戸籍の届出は，書面又は口頭でこれをすることとされている（戸27条）がほとんどは書面によるものであろう。そして書面による場合の様式については通達により標準様式が示されている（昭和59・11・1・民二第5502号民事局長通達）。その内容は改めて触れるまでもないであろう。

　そこで問題は，届書における署名の問題である。例えば養子縁組届の提出に当たっては，「当事者双方及び成人の証人二人以上が署

名した書面で，…しなければならない」（民799条による739条の準用）とされている。学説はこの自署をもって届書受理の要件（戸籍事務管掌者は受理を拒むことができる）とし，ただし成立の要件ではない（受理されれば成立する）と解する，とされている（我妻栄「親族法」42頁・有斐閣）。

　他人が代署した届出の効力等の問題として論じられているものである。今その詳細は前著に譲るとして問題は自署であろうと代署であろうと市区町村長の審査権限との関係でいえば形式的にそれが充たされていれば受理せざるを得ないことから余り実際的な議論ということはできないかも知れない。

　そこで虚偽の届出を防止する方策の一つとしての視点から届書の署名押印が本人の意思によるものであることを担保するため，届書に印鑑証明を添付することを義務付けることが議論されたことがある（大森政輔「戸籍の信頼保持方策について」［細川清・海老原良宗共編［家族法と戸籍—その現在及び将来—］・439頁以下参照]）。しかし，このアイデアには難点があると指摘されている。確かに多くの届出は正しいものであることがほとんどであるにも拘らず例え縁組等の届出に限定するとしてもそれら全ての届書について署名した届出人の印鑑証明の添付を求めるというのは抵抗感が強いかも知れない。仮にそのような制度を導入しても当面の通謀による届出の場合にはほとんど機能しないことになろう。

　今一つは創設的届出のうち，婚姻，協議離婚，養子縁組及び協議離縁については，その合意を認証するため，成年の証人二人以上を要するとして，その届書に証人の署名を求めている点である（民739条，同764条，同799条，同812条，戸33条）。その趣旨は，当事

者の意思が確実なことを担保しようとするためにほかならない（青木義人・大森政輔「全訂戸籍法」224頁・日本評論社）。したがって，証人は，当該届出が当事者双方の意思に基づきなされることを確認すべき義務があり，それを怠ったため，偽造の届書に署名押印し，戸籍に不実の記載がなされたときは，損害賠償責任を負うとされている（高松高判昭和37・2・8下民集13・1・45頁）。

　ところがこれだけ重い法的責任が課されていることとの対比において現実の届書あるいは届書審査のありようを見ればかなりそこにギャップがあるのではないだろうか。形式審査といってしまえばそれまでであるが問題はその枠組みの中でどこまで虚偽の届出を防止することができるかを考えることであろう。だとすれば証人制度をより実効あらしめる方法を検討するのも一つのアイデアかも知れない。では何かいい知恵があるかと問われれば残念ながらない。ただ例えば届書中に当該届出が双方の意思に基づきなされたものであることを確認した旨の文言を入れておくのも一つの方法かも知れない。しかし，それとて虚偽の縁組をしようとする当事者が合意の上で合意を装えば一巻の終わりかも知れない。

　ただ間違いなく指摘できることは不正不当な届出をしようとする者は現在の届書記載の内容に対する戸籍現場におけるチェックの実態をよく承知した上で事に臨んでいる可能性が極めて強いと推測されることである。その意味でこの側面にももう少し何か目配りする必要なり有効な方策がないかを考えることも意味あることかも知れない。いやしくも重要な身分行為の成立・効力の発生に関わる場面で当事者が通謀さえすればいとも簡単に目的を達することができるというのは（まさにその容易性こそが届出励行への期待手段として

の立法者の狙いであったことは事実であるが）今日の諸々の状況を考えるとき何か改善策が検討されていいのではないかと思われる。少なくとも届書上に不正不当な行為を行う者に対する心理的抑制に繋がるような方策を模索することも考慮されてよいのではなかろうか。しかしいずれにしてもこのように見てくると戸籍法プロパーでより有効な策を見出すのはかなり難しいということが理解できるのである。その意味で改正戸籍法による措置がよく工夫されたぎりぎりのものという評価も十分可能といえるのではなかろうか。

　それでは実体法である民法上の対応として何か考えられないかが次の問題となる。市区町村の現場から出ている成人間の養子縁組に家庭裁判所の許可を要するように改正して欲しいという指摘もその一つのアイデアである。そこでこの問題を少し考えてみよう。

④　普通養子縁組制度をめぐって

　冒頭にも記したとおり虚偽の届出事件の中でもっとも典型的な多発事件として指摘されているのは養子縁組事件のようである。縁組，離縁の繰り返し等である。もちろん氏の変更などを目的とする虚偽の婚姻届出や離婚届出等も予想されるが多いのは縁組事件のようである。成人間の養子縁組にも家庭裁判所の許可を必要とするようにとの要望が圧倒的に多いのもそのことを示すものであろう。したがって，ここでは縁組を主題として取り上げることにしたい。

　そこでまず本論に入る前に現行養子縁組制度の有している特質を明らかにしておきたい。それがこの問題を考える場合重要な前提であると思われるからである。それには昭和62年（1987年）に創設された特別養子縁組制度と比較対照することが有効であろう。

　そこでまずこの二つの縁組制度の特質の要点を示した上で普通養子縁組要件の特徴などを素描することにしたい。なお，この部分の記述には樋口範雄教授の「親子と法─日米比較の試み─」（弘文堂）を参照させていただいていることを付記しておきたい。

◆普通養子縁組	◇特別養子縁組
①　目的の多様性	①　目的はもっぱら子の利益を図ることにある
②　縁組要件の緩やかさ	②　縁組要件の厳格性
③　縁組後，養子と実親との法律関係は完全に断絶するわけではない	③　縁組の成立により実親との法律関係断絶
④　養親子関係発生の基礎が契約〈合意〉にある（未成年養子については異論あり）	④　養親子関係発生の基礎は当事者の合意ではなく，家庭裁判所の審判にある
⑤　戸籍を見れば養子であるか否か，実親の氏名も容易にわかる	⑤　戸籍上も実親の記載はなく，養親との続柄も実子と同じ記載がされる
⑥　離縁も容易	⑥　協議や裁判による離縁は許されず，子の利益のため特に必要があると認められる場合に限り例外的に認められる場合があるに過ぎない

　上記の比較は二つの縁組の特質を端的に表すものといえるが当面の主題との関係で特に留意しなければならないのは普通養子縁組の

特質としての①②の点であるが一応他の特質も含めて若干の敷衍を
しておきたい（米倉明「特別養子制度について」［新しい家族］第
４号参照・養子と里親を考える会発行）。

① 目的の多様性

　これは特別養子縁組制度と対比すれば一目瞭然である。特別養
子縁組の目的は特定の子についてその子の利益のために必要があ
るときに，成立させるものである（民817条の７参照）。しかし，
普通養子縁組はそのような縁組の目的についての規定はない。50
歳や60歳を過ぎた大人でも養子にしようとすればできる。未成年
者を養子にとる場合でも，その目的を問わない。もちろん親のな
い孤児を引き取って養育しようということでもよいが，あわせて
自分の老後の面倒をみてもらおうということでも，氏が絶えるの
が耐えられないということが主たる動機でも少なくとも民法上は
問題がない。

② 縁組要件の緩やかさ

　①の目的の多様性という特質は当然のことながら縁組要件の緩
やかさとなってはねかえってくる。多様な目的を認めるというこ
とは，いろいろな目的に応えるような制度を要求する。したがっ
て，一日でも誕生日が早ければ養親子関係を結ぶことが可能にな
り（民793条），成年に達しただけで誰でも養親になることができ
る（民792条）。さすがに，未成年者を養子にする場合には家庭裁
判所の許可を要するが（民798条）その場合でも自己又は配偶者
の直系卑属を養子にする場合（いわゆる連れ子養子と自分の孫や
嫡出でない子を養子にする場合）には許可は要らない。養子が成
人である場合にも許可は不要であって，届出だけで養子縁組は有

効に成立する。

③　養子縁組が成立した後も，養子と実の親との法律的な関係は完全に断絶するわけではない。つまり，典型的な場合，養子にとっては二人の養父母と二人の実父母の四人の親がいることになる。養子は養親の氏を称することになり（ただし，昭和62年〈1987年〉の民法改正により，夫婦共同縁組の原則が否定され，夫婦の一方のみが養子となるケースが認められるようになったために，その場合に例外的に養親の氏を称さない場合がある），養子が未成年であれば養親の親権に服することになるが（民810条・818条2項），実の親との間の法律上の親子関係が切れるわけではない。したがって，実親との間で相続権や扶養義務が問題になれば，養子縁組がなかった状態と全く同様の取扱いがなされる。

④　米倉教授は，養親子関係発生の基礎が契約にあるとされる。その意味するところは，おそらく従来の普通養子縁組制度における養子縁組が原則として当事者の合意に基づく届出のみで成立し，また，簡単に当事者の協議で離縁できるということであろう。したがって，裁判所のチェックを経ることは例外とされ，養子縁組の目的や養親子関係の内容に関する規制が極めて弱いという①②の特色に結びつくことになる。もっともこの点については，幼児養子について縁組の本質は契約であるといい切っていいものかどうか，未成年養子に家庭裁判所の許可を必要とされる現行法においては，不十分とはいえ，縁組の成立に公の機関が関与していることを理由にそのような問題意識も指摘されている（泉久雄「親族法」226頁・有斐閣）。

⑤　戸籍をみれば養子であるか否か，さらには実親の氏名につい

ても簡単にわかるようになっている。

⑥　いったん結ばれた養子縁組の解消である離縁を認めるととも
に，しかもそれが比較的容易である。当事者の協議が調えば無論
のこと，そうでない場合の裁判離縁においても，縁組を継続し難
い重大な理由があれば親子の縁を切ることが可能である。

このように見てくると現行普通養子縁組制度の特質が前記①②の
点に象徴的に表れていることが理解できよう。繰り返しになるが
「成年養子は野放しにされ，養子縁組の成立要件はかなり緩やかで
あって，国民の意識の中に，『家のための養子』や『親のための養
子』が存続する限り，それに利用される余地が多い。」（有泉亨「新
版家族法概論」150頁・法律文化社）。のみならずこの特質が一部の
不正不当な届出を試みる者にまで悪用されている現実があるという
ことであろう。

それではこのような事態を防ぐ手立ての一つとして戸籍実務の現
場から提示されている成人間の養子縁組についても家庭裁判所の許
可を必要とするというアイデアを少し検証してみよう。ここでは現
行養子縁組制度の枠組みを変えないという前提でまず考えてみよう。

その前に養子縁組について現行法上家庭裁判所の許可が要求され
ている場合とその際の許可基準たるべきものを参考までに素描して
おくことにしたい。

⑤　普通養子縁組と家庭裁判所の許可

現行の普通養子縁組において家庭裁判所が関与するのは二つの場
合である。

一つは未成年者を養子とする縁組についての家庭裁判所の許可で

ある（民798条，但し同条ただし書の場合は不要・家審法９条１項甲類７号）。

　これは昭和22年（1947年）の改正法により創設された規定である。未成年者の養子がしばしば子を喰いものにするために利用された（芸妓とするための縁組が適例）ことを顧慮したものである（我妻栄「親族法」273頁・有斐閣）。戦後の養子法改正の際に，「家」制度の維持存続を目的とするような規定は削除されたが，かといって子の保護を目的とする近代的養子法の立法が実現するには至らなかったが，しかし本条の規定は子の福祉の保護という精神に基づくものであったといえよう。つまりは養子となる未成年者の福祉を守ることが立法の趣旨である。縁組の成立に際して未成年者が当事者の一方であるときは当事者及び関係者の合意に全て委ねるのではなく国家の後見的作用として「許可」（審判）を要することとして未成年者の福祉を担保しようとするものである。このことは家庭裁判所が本条による許可申立てがあったときその許否を判断する基準となるのはその立法趣旨からして，当該縁組が未成年者の福祉に合致するかどうかにあるということになる。したがって，「子のための養子」という精神が損なわれるような縁組であるかどうかをチェックし，若し，その危険がないならば許可するということになるのであろう。判断材料としては，縁組の動機，特に養親の家庭の状況，養親の経済力，人柄，その他養子となるべき者を取り巻く事情などでありこれらを総合的に考慮して判断がなされることになろう。いずれにしてもこの場合の立法趣旨も許可の基準も明確であるといえよう。

　今一つは後見人が被後見人（未成年者被後見人及び成年被後見

人）を養子とする縁組についての家庭裁判所の許可である（民794条・家審法9条1項甲類7号）。

　後見人は被後見人の財産を管理し，被後見人を代理して財産に関する法律行為をすることができる地位にある（民859条）。この地位を悪用して，縁組という形態を利用することにより，被後見人の財産的地位を脅かす危険がある。このような危険を制度的に排除するため，後見人が被後見人を養子とするには，家庭裁判所の許可を要するものとされたのである（ちなみに旧法では絶対に許されないものとし［旧民840条1項］，ただ遺言によってだけはできるとしていた［同条2項］）。このような本条の趣旨に即して家庭裁判所が許可申立てに対し許否を判断する場合の基準は，後見人がその地位を利用して被後見人の財産について費消・隠匿・散逸などの不正不当な行為を行う危険性があるかどうかに置くことになり，そのような危険性がなければ許可することになるのであろう。判断材料としては，被後見人の財産の状態，これまでの後見人の財産管理の経過や実情等を検討して判断がなされることになろう。いずれにしてもこの場合の立法趣旨も許可の基準も明確であるといえよう。

　いずれにしても現行法上普通養子縁組について家庭裁判所が「許可」という形式で事前関与しているのは以上の場合だけであり，両者ともに「養子」となるべき未成年者等の福祉・保護という視点からの規定と理解することができよう。

6　成人間における養子縁組に家庭裁判所の許可を要するとすることの問題点

　それでは現行民法の養子縁組制度を前提として問題の成人間の養

子縁組に仮に家庭裁判所の「許可」を要するとするアイデアを導入すると仮定して少しその場合の問題点を考えてみよう。その場合の「許可」は家事審判法の甲類審判事項として位置づけられることになろう。事柄から考えて紛争性がなく，家庭裁判所が公的立場から後見的に判断する事項に属するものといえるからである。

　ところで既にみたとおり現行養子縁組の要件として規定されているところから演繹するとその目的は必然的に多様であり得ることが理解できた。もう少しこの点を敷衍してみよう。

　縁組要件の一つに養親となる者の年齢について「成年に達した者は，養子をすることができる。」（民792条）と規定している。つまり養親は成年者でなければならない，とするのみである。養子との間に年齢差は要求されていないし，無子も要件ではない。年齢の最高限についても何の制約もない。つまり当然のことではあるがそこには養親子関係についての特定のモデルは示唆されていないのである。

　また，「尊属又は年長者は，これを養子とすることができない。」（民793条）と規定している。つまり年長者と，年少でも尊属に当たる者（例えば年下の叔父とか叔母）を養子とすることは認められない。しかし，そのことは養子が養親よりも年少でさえあれば，それ以上何らの年齢的制限は設けられていないことを意味するから，成年者はもちろん，高齢者を養子とすることも可能であるし，兄弟姉妹間の縁組でも差し支えない。年長でなければ一歳違いでもよいし，同年者でも構わない。この規定から導かれることは，例えば「養親となる者が養子となる者より一歳でも年長であればよい，としているのだから，その場合の親子関係は親子として家産・家業・家名を

承継させることを目的としていてもよいといわざるをえない。」（我妻栄・前掲書274頁）ということになる。「普通養子縁組はいったい何のために用いられるのかというと，親子関係に伴う財産的な義務を発生させるために用いられているといっても過言ではない。……この目的以外に普通養子が用いられることはほとんどない。」（大村敦志「家族法」191頁・有斐閣）という指摘もされている。前記のとおり目的の多様性とか縁組要件の緩やかさはこの二つの規定だけを見ても明らかでありその拡がりは論理的にはかなりのものがあるといえよう。

　そこでこのような縁組規定のもとで成人間で縁組をしようとするときにあらかじめ家庭裁判所の許可を得なければならない，としたとき，家庭裁判所は何を基準に許否を判断することになるのであろうか，またできるであろうか。つまり家庭裁判所が後見的作用としてこの場合に関与することの必要性と合理性が説明できるであろうか。今提起されている問題意識は虚偽の縁組届等の事前防止である。そしてそのこと自体は公的機関（家庭裁判所）が関与することの必要性を肯定できるアイデアとして評価できると思われる。問題は合理性である。もともと当事者間の合意を基礎として法定の縁組要件を充たせば届出だけで成立するものとして位置づけられているものである上に縁組要件の中に後見的に公的機関が関与しなければならないような性質を有する規定は見当たらない。少なくとも現行法の要件規定を前提とする限りそれを充たしているにもかかわらず仮に家庭裁判所がある事案には許可をしある事案には許可はしないというような対応はほとんど不可能であろうと思われる。縁組の意思の内実は法的に多様でありうることが前提とされている以上許否の仕

分けをすることは実際問題として難しい。現行の民法規定を前提に
おく限りそもそも「許可」を要する規定を置くとしてもその規定の
定立自体が困難であろうと思われる。

⑦　縁組等の届出についての裁判所による真意確認手続

　縁組等の届出が真意に基づいてなされることを裁判により担保す
るために前記の「許可」ではなく意思の「確認」という方法を採る
ことも一つの方策として考えられる。そしてこの問題についてはか
つて議論されたことがある。それは戦後の家族法改正の過程におい
て協議離婚制度の存置の可否と関連して論議され，協議離婚制度自
体は存置することとする反面，夫による一方的届出等の弊害を除去
するために，参議院において，一部議員等により，「協議上の離婚
は，その届出前に，家事審判所の確認を得なければならない。」こ
ととする修正案が提案され，一旦は可決されたが，衆議院では同意
するところとならず，その企ては実現しなかったというものである。
その理由は，事実上の離婚が増加するおそれがあるとか，年間 7 万
件（現在では26万件）近くもある離婚につき，一々確認審判をする
のは家庭裁判所の負担が過重となり真意の確認の困難が予想される
ことなどが指摘されている（谷口知平「戸籍法」97頁・有斐閣）。

　なお，韓国民法及び家族関係の登録等に関する法律にも「協議上
の離婚は，家庭法院の確認を受け家族関係の登録等に関する法律の
定めるところにより届出をすることによってその効力を生ずる。」
（大韓民国民法836条 1 項・同家族関係登録等に関する法律75条以
下）とする規定を置いている。これらが虚偽の届出防止のための方
策であることは間違いないと思われるが現実の運用がどうなされて

いるのか興味あるところではある。

　このように見てくると方法それ自体としては「確認」手続も検討対象にはなり得るものである。ちなみに現行民法の規定の中でこのような意味での「確認」の文言を使用しているのは976条4項と979条3項の規定がある。前者は死亡の危急に迫った者のした遺言は，遺言の日から20日以内に家庭裁判所に請求してその確認を得なければならないとするものであり，後者は船舶遭難者のした遺言についてやはり家庭裁判所の確認を得なければならないとするものである（家審法9条1項甲類33号参照）。確認審判はこれらの遺言が遺言者の真意に出たものであるかどうかを判定するためのものである。このような事例が存在することは，当面の問題についても不正不当な届出を防ぐためにあらかじめ家庭裁判所が特定の身分行為意思の真意の確認をするという制度設計自体は理論的には可能なことであるといえよう。しかし，本人確認の対象たる縁組等の届出件数が100万件を超えている現実はそれら全てに「確認」を求めることが極めて非現実的でありその必要性にも問題がありといえそうである。前記の民法上の要確認事案は極めて異例の場合であるからその対象も極めて限られている。

　それでは当面の養子縁組届出のみについて検討すればという意見もあるかも知れないがその場合でも9万件である。そして当事者が縁組は真意に基づくものであると述べればそれが明らかに虚偽である疑いが相当程度に明らかでない限り確認審判をしなければならないことになるであろう。ただ問題はそういうことよりも確認審判を経なければ届出ができないというルールを設定することのもたらす効果のほうが大きいのかも知れない。それが不正不当な届出の抑制

的作用を果たすことも確かであろう。いずれにしても「許可」とは別の「確認」という手法も一応は考えられるけれども問題点も多いということである。

⑧　養子縁組制度の改革

　以上戸籍法上の視点と民法上の視点から問題を見てきたが少なくとも現行法を前提とする限り効果的な対応策を見出すのは難しいように思われる。あと考えられる抜本的な方法は現行の養子縁組制度の枠組み自体を改めるということであろうか。しかしこれはまたさらに難問であるともいえよう。

　養子縁組制度については昭和34年（1959年）法制審議会民法部会身分法小委員会が発表した「仮決定及び留保事項」（第27）には，次のような改正意見が提出されたことがある。次のような点である。

　(a)通常養子のほかに，一定の年齢以下の幼児を「特別養子」と名づけて実親子と戸籍上も同一の取り扱いをし，養親からの離縁申立てを認めない，(b)縁組年齢につき，養子となりうる者は未成年者に限るか，養親の年齢を引き上げるか，養親子間に一定の年齢差を求めるか，(c)未成年の養子のために，縁組当事者の申立てによらない離縁の裁判を認めるかなどである。

　このうち(a)の特別養子縁組は昭和62年（1987年）の民法一部改正により実現し翌年1月1日から施行されている。またこの改正の際に従来の養子縁組制度の中で解釈上問題があると指摘されていた点にも改善を加える措置が採られた。しかし，前記(b)(c)等の点については若干の検討はされたようであったが問題に緊急性がないとしてそのままになったようである。その後今日まで養子縁組制度の見直

しについては特に動きはないとみてよい。それは前記「仮決定及び留保事項」にあるような問題意識もさることながら現行の養子縁組制度がそれなりに国民の間に定着していることの裏返しとも理解できよう。

　参考までに養子縁組の実情をみてみよう。養子縁組の届出件数は平成19年度の統計によれば90,145件である（戸籍誌823号49頁）。直近の5年間の件数を見ても85,000件から89,000件で推移しているから約9万件台を維持している。実はこの数字は若干の変動こそあれ昭和30年代からほとんど同じ水準を保っているのである。つまりほぼ同じ水準を維持しているということは養子縁組の内実においてほぼ同一の需要が継続しているとみて差し支えないであろう。

　実情をみてみよう。養子縁組がどのような形態で行われているかはそのような統計がないので実態は不明であるが手がかりとなる調査の結果がある。

　一つは法務省の実態調査である。昭和57年（1982年）に法務省民事局において実施されたものである（三浦正晴「わが国における養子縁組の実態」・戸籍誌462号15頁以下，平賀俊明「わが国における養子縁組の実態」・法律のひろば1986年2月号4頁以下）。詳細は前掲文献に譲るがこの調査は全国の市区町村のうちから各法務局・地方法務局の各管内から任意に9つを抽出し，その450市区町村（153市・8区・196町・93村）に1か月間に届け出られた養子縁組2,120件及び養子離縁1,338件について，届書から判明する事項を調査して集計されたものである。その結論的結果を示すと以下のようになる。

　成年養子と未成年養子の割合は前者が66.8％，後者が33.2％とな

っている。そして，後者の未成年養子の多くは離婚後に再婚する人
に連れ子がいて，その子と再婚の相手が縁組するというもので未成
年養子の中の約75％を占めている。家庭裁判所の許可を要する未成
年養子縁組は未成年養子の中の7.6％に過ぎなかったという結果が
示されている。

　もう一つの調査結果もある。これは岡山市を対象としたものであ
る。調査対象は1,210人でありその中の約60％の709人が成人養子，
残り501人のうち半数以上の267人が家庭裁判所の許可を要しない直
系卑属養子であり，許可審判養子は234人であったとされている
（泉久雄「親族法」227頁・有斐閣）。

　いずれの調査結果も養子縁組の趨勢なり傾向をかなり精度高く示
すものとして注目すべきものである。つまりこれらの結果の意味す
るものはわが国の養子縁組は，成年養子と連れ子養子が大半を占め
ているということである。しかもそれがかなり長期にわたって継続
しているということである。内容の固定性と定着性は極めて強固な
ものがあるといえよう。もちろんそのこと自体の是非には議論があ
るであろう。そのことを認めつつもその裏にはこの制度に対する国
民の根強い支持（需要）があると見てとることも可能であろう。こ
のことは養子縁組制度の改革ということを考えるとき大きな意味を
もつものと思われる。

9　終わりに

　虚偽の縁組等の届出を水際で防止するための方策はこれからも議
論されなければならない。しかし同時にこの問題は既に触れたとお
り実体法たる民法上の問題と手続法たる戸籍法上の両面にわたる問

題でもあるだけに慎重な扱いが求められよう。そして現実問題として早急な法改正が難しいとすれば現行法令の枠の中で最大限の知恵を絞り疑惑のある届出について相応の厳格な対応を示すことで対処するしかあるまい。

追記

1　本稿脱稿後住民票の職権消除に基づく公示制度を悪用して虚偽の養子縁組を200組成立させこれにより得た名義を使用し500の銀行口座を開設しこれを売っていたグループが摘発されたという衝撃的報道がなされた（平成21年11月17日付け各紙）。

　詳細な事実関係がわからないので論評の限りではないが本件に関する戸籍事務・住民基本台帳事務のいずれについてもこのような結果をもたらしたことについてしっかりと問題点を検証しておく必要があるように思われる。住民票消除が公示された人物に狙いをつけるという巧妙な手段を用いてはいるがそれにしてもこれほど大量の虚偽養子縁組届なり関連する住民異動届あるいは戸籍謄本請求，住民票の写し交付請求が彼らの意図どおり運んだとすれば驚きでもある。事案の性質から推測してこのような事案を単に届書なり届出・申請が形式的要件を充たしていたから受理（交付）することはやむを得なかったというようなレベルでのみ問題をとらえるべきではないと思われる。養子縁組届出の場合も住民異動届の場合もあるいは戸籍謄本請求，住民票の写し請求の場合も現行法令及び関係通達，事務処理要領等に基づく行為プロセスがこれらの趣旨とするところを踏まえた上でしっかりと履行されていたかどうか，何らの疑問点はなかったのかどうか，履践しえない部分があったとしたらそれはどの部分でなぜなのか等が検証されることが必要であろう。そのよ

うな事案の分析と問題点の炙り出しが行われることにより同様事案
の防止あるいはさらなる有効な手段の検討なり法令等の枠組みの再
検討の貴重な契機になるのではないだろうか。

2　婚姻・親子法を中心とした家族法改正について自発的な学者グ
ループによる「民法改正委員会家族法作業部会」による検討の成果
が公表されている（ジュリスト1384号特集・「家族法改正」）。養子
法についても改正の方向と提案の概要が示されているので参照され
たい（同誌41頁以下・床谷文雄教授担当）。もっとも提案によれば
成年養子の廃止に消極的であり他の要件についても若干の修正提案
（同年養子，元配偶者養子の否定）にとどまっている。

戸籍誌839号（平成22年2月）所収

⑩ 方便としての養子縁組届・婚姻届等を めぐって―時代を反映する最近の二つ の判決から―

1 はじめに

　近時かつては考えられなかったような仮装・虚偽の創設的届出が頻発するようになった。とりわけ普通養子縁組届や婚姻届にその例が多いようである。平成19年の戸籍法の一部改正はそうした届出を可能な限り窓口段階で防止することも一つの大きな目的であった。そして間違いなく相応の効果を発揮しているのではないかと思われる。しかしながらそうした措置も当然のことながら限界があり当事者の届出に格別の問題点が認識されない限り形式的に法令の要求する要件を満たしていれば受理されることになる。ところが何らかの問題しかもかなり法的に重要な問題を含んだ事案はいずれ関係者等によってその法的効力が争われる運命にあるものが多いことも事実である。それが裁判例という形をとって現れることにより改めて私たちはその事案に含まれる法的・事実的問題点を理解認識することができることも多い。

　最近その意味で大変興味ある高裁判決が二つ公表された。一つは養子縁組無効確認請求控訴事件であり，今一つは親子関係不存在確認請求控訴事件である。前者は大阪高裁平成21年5月15日判決（判例タイムズ1323号251頁以下）であり，後者は東京高裁平成22年1月20日判決（判例タイムズ1325号222頁以下）である。

　前者は相続等の財産的関係を形成することを主たる目的としたい

わゆる方便としての養子縁組届というカテゴリーに属する事案であり，後者も在日外国人女性がわが国におけるより安定した在留資格の取得を意図して日本人男性と婚姻届をしその後両者間に嫡出子が出生したという外観を生じてはいるが実体は婚姻届がまさに方便としての性質を有し出生子の嫡出推定性が問題となり結論的には父子関係不存在確認請求が認容された事例である。

　いずれも現代日本社会の中に潜んでいるネガティブな行動要因を背景に形成された極めて現代的特質を有すると思われる事案であり判決の説く論旨とともに興味深いものがある。

　そこでこの二つの判決を紹介して読者の皆さんの参考に供したいと考えた次第である。

② 大阪高裁平成21年５月15日判決（養子縁組無効確認請求控訴事件）

●事実関係はどのようなものであったか。

　まず最初に判決の事案を判決掲載誌所掲の事案の概要に基づき紹介しよう。

(1)　亡A子は，平成４年に死亡した夫との間に子がなく，その他の法定相続人もいなかったところ，隣家に住んでいたB子が，平成９年ころ以降亡A子の身辺の世話をするようになった。Y子は，B子の長女であり，B子と同居していたが，亡A子と隣人としての面識はあったものの，全く交流がなかった。

(2)　亡A子は，平成14年４月28日，従来からの持病が悪化して入院した。同月下旬ころ，亡A子を養親，Y子を養子とする縁組届が作成され，同月30日，B子がこれを役場に提出した。上記

縁組届には，亡A子の署名押印があるが，これが亡A子の意思
によらずして作出されたことをうかがわせる事情はなく，また，
亡A子は，当時，縁組能力を欠く状態にはなかった。

(3) 亡A子の入院中は，専らB子がその世話をしており，Y子は
何回か見舞いに訪れたのみであった。亡A子は，平成14年6月
24日に退院したが，退院後も同人の身の回りの世話は専らB子
が行っており，Y子がこれを行うことはなかった。Y子は，亡
A子の親族関係を全く把握しておらず，同人から死後の祭祀に
ついて何らかの依頼をされたこともなかった。

(4) 亡A子は，平成15年12月に再度入院し，平成16年10月17日病
院内で死亡したが，その間，Y子が亡A子を見舞うことはほと
んどなかった。

(5) B子又はY子は，亡A子が死亡した翌日，亡A子名義の定額
貯金口座を解約して350万円余の払戻しを受け，平成17年1月
には，亡A子が有していた定期預金口座を解約して160万円余
の払戻しを受けた。さらに，同年2月，亡A子が所有していた
同人の自宅建物及びその敷地につき，相続を原因として所有権
移転登記手続をした。

(6) 亡A子の亡夫が先妻との間に儲けた子であるC及びDは，亡
A子の死後，Y子に対し本件養子縁組の無効確認請求訴訟を提
起したが，訴えの利益を欠くとして却下された。

　　C及びDは，その後，亡A子の相続財産管理人の選任を求め
る審判を家庭裁判所に申し立て，平成19年2月，Xが，亡A子
の相続財産管理人に選任された。Xが，亡A子の相続財産法人
を代表して本件養子縁組の無効確認を求めて提訴した。

(7) 原審は，Xが提起した本件訴訟の適法性を認めた上，本件縁
組は縁組意思を欠き無効であるとして，Xの請求を認容した。

(8) これに対し，Y子が控訴し，①Xを相続財産管理人に選任し
た審判手続に瑕疵があり，Xには相続財産法人を代表する権限
がない，②相続財産法人は養子縁組無効確認訴訟の原告適格を
有しない，③亡A子及びY子には縁組意思があったなどと主張
して控訴したのが本件である。

〔関 係 図〕

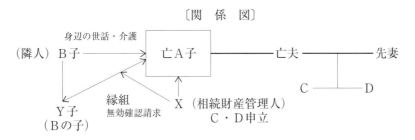

●訴訟で問題となった点は何か。

(1) 相続財産管理人選任申立てについて

本件の直接的争点は養子縁組の無効確認請求の是否であったが
その前提問題としてこの請求の主体が相続財産法人（代表者相続
財産管理人）であることから，そもそも戸籍上相続人（Y子）が
いる場合に，これを表見相続人であるとして，利害関係人が相続
財産管理人選任の申立てをすることが可能かどうかという問題が
あった。

民法第951条は「相続人のあることが明らかでないときは，相
続財産は，これを法人とする。」としている。この規定により法
人が成立したら，利害関係人または検察官は，家庭裁判所に請求
して，相続財産の管理人を選任してもらい（民952条１項），その

管理人が，法人の名において，権利を行使し，義務を履行するのである。

　問題は「相続人のあることが明らかでないとき」とはどのような場合かである。次のような場合が挙げられている（中川善之助・泉久雄「相続法」〈第3版〉419頁）。

①　戸籍上相続人が存在しない場合

②　戸籍上の相続人は存在しないが，包括受遺者がいる場合

　　包括受遺者は相続人と同一の権利義務を有することとされているため（民990条）包括受遺者による全遺産の管理を認めてもよさそうであるが，包括受遺者の受遺分が特定，固定していると解する以上，少なくとも受遺分を超える分については無権限であり，最終的には国庫に帰属すると解するほかなく，その意味で，受遺分を除く残部については民法951条の適用があるとする。ただし反対説もある。

　　最高裁は「遺言者に相続人は存在しないが相続財産全部の包括受遺者が存在する場合は，民法951条にいう『相続人のあることが明らかでないとき』には当たらないものと解するのが相当である」としている（最高裁平成9・9・12判決・民集51・8・3887頁）。

③　戸籍上の相続人が存在しないが，相続人たる身分が発生するかも知れない者がいる場合

　　例えば，認知の訴えや離婚・離縁の無効訴訟，父を定める訴えなどが係属している場合である。この場合も相続財産を法人とし，後日相続人の存在が確定すれば民955条・956条によって処理すればよいとする見解もあるが，筋としては，判

決の確定を待つべきであり，その間の遺産管理は民918条を類推適用して，遺産の現状を保持することを主眼とすべきであるとする。

④　戸籍上の唯一の相続人が表見相続人である場合

この場合も，純粋理論的には，相続人が存在せず，相続財産法人が成立しているといわなければならないとする。ただし反対説もある。

本件事案は前記④の場合に該当する。戸籍上はＹ子という相続人が存在しているからである。

本件判決はこの点に関して「相続人のあることが明らかでない場合の相続財産管理人の選任は，家事審判法９条１項甲類32号の審判事項として家庭裁判所の専権に属するものとされており，選任の要件を欠くことが一見して明白であるにもかかわらず審判がされたなど，当該審判を無効とみるべき特段の事情がある場合のほかは，その審判の効力を他の訴訟等において争うことは許されないと解される。」と判示して当該審判の適法性を是認している。

記録によればこの相続財産管理人の選任請求はＣ及びＤの申立てに基づいているようである。ところで，選任の請求は「利害関係人」の請求でなければならないとされている（民952条）。ここでいう「利害関係人」とは，相続財産の管理・清算について法律上の利害関係を有する者である。受遺者，相続債権者，相続債務者，相続財産の担保権者，生活保護の実施機関である市町村長（昭和35・６・13民甲第1459号民事局長回答），特別縁故者，被相続人から物権を取得した者で対抗要件を備えない者等とされている。実際上は特別縁故者と相続債権者が多いとされているようで

ある。

　本件での申立人はC及びDであるが申立人の資格は「特別縁故
者」としてのものであったようである。どのような意味での「特
別縁故者」であったのかは記録からは不明であるがこの点につい
て本件判決が特に触れなかったのは選任審判が家庭裁判所の専権
に属し特段の事情のない限り選任行為の是非に踏み込むのは相当
ではないと考えたからであろう。

　いずれにしても「特別縁故者」が利害関係人として認められる
ことには問題はない。

(2)　相続財産管理人が相続財産法人を代表して養子縁組無効確認
　　請求訴訟を提起できるか

　そこで次の問題はこのようにして選任された相続財産管理人が，
相続財産法人を代表して養子縁組無効確認訴訟を提起することが
できるかどうか，という点である。いわゆる原告適格の問題であ
る。控訴人（Y子）は，相続財産法人は，養子縁組の無効によっ
て単に財産上の権利義務に影響を受けるにすぎないから，養子縁
組無効確認訴訟の原告適格を有しないと主張したのである。

　確かに，相続財産法人は相続財産をめぐる法律関係の処理のた
めに擬制された法人格にすぎないのであるから，財産上の請求，
例えば相続回復請求のみを認めた上で，その前提問題として養子
縁組の効力を争わせれば足りるという考え方も成り立ちそうであ
る（判例タイムズ1323号252頁。本件判決コメント参照）。

　この点については本件判決も引用している最高裁の判決（最高
裁昭和63・3・1第三小法廷判決・民集42・3・157頁）がある。
以下のように説いている。

　「養子縁組無効の訴えは縁組当事者以外の者もこれを提起することができるが，当該養子縁組が無効であることにより自己の身分関係に関する地位に直接影響を受けることのない者は右訴えにつき法律上の利益を有しないと解するのが相当である。けだし，養子縁組無効の訴えは養子縁組の届出に係る身分関係が存在しないことを対世的に確認することを目的とするものであるから，養子縁組の無効により，自己の財産上の権利義務に影響を受けるにすぎない者は，その権利義務に関する限りで個別的，相対的解決に利害関係を有するものとして，右権利義務に関する限りで縁組の無効を主張すれば足り，それを超えて他人間の身分関係の存否を対世的に確認することに利害関係を有するものではないからである。」

　論旨の核心部分は縁組当事者以外の者（第三者）からの養子縁組無効の訴えの可否は「養子縁組が無効であることにより自己の身分関係に関する地位に直接影響を受ける者」であるかどうかにあるとしている点にある。

　最高裁の判決に係る事例はもちろん自然人が訴訟当事者のケースにかかるものであり，相続財産法人などの法人の原告適格性をストレートに認めたものではもちろんない。

　そこでこの最高裁の論理が果たして「身分関係に関する地位」ということを観念することができない相続財産法人にも適用することができるかどうかが重要な論点の一つであった。

　本件判決は前記最高裁判決を引用した上で次のように説いて相続財産法人の原告適格性を是認している。

　「相続財産法人は自然人ではないから，厳密にいえばその身分

関係に関する地位というものを観念することはできない。しかしながら，相続財産法人は，相続開始時における被相続人に属していた一切の権利義務及びその他の法律関係を承継するのであるから，この面では，被相続人の権利義務を承継した相続人と同様の地位にあるということができるところ，本件養子縁組が無効であるか否かは，Ａ子の相続関係に直接の影響を与えるものである。そして，養子縁組無効確認の訴えの性質は確認訴訟であって，これを提起できる者を自然人に限るべき根拠はない。そうすると，Ａ子の相続財産法人である被控訴人は，本件養子縁組が無効であるか否かによって相続に関する地位に直接影響を受ける者として，本件養子縁組の無効確認を求める法律上の利益を有するものというべきであり，原告適格を欠くとはいえない。」。

　相続財産法人は被相続人の権利義務を承継する者であり，相続人と同様の立場に立つ者であること，判例が縁組無効確認訴訟の法的性質を確認訴訟と解している（無効な縁組は，人事訴訟手続法〈現人事訴訟法〉による確定を待たず，また，戸籍の記載にかかわらず，いつでも何人でも主張でき，その主張は相手からの訴えに対する抗弁という形でもよいし〔大判昭和15・12・6民集19・2182頁，大判大正4・10・18民録21輯1651頁〕，別訴の前提問題として主張してもよい〔最判昭和38・12・24刑集17・12・2537頁〕）としていることから，その主体を自然人に限定する必然性に乏しいことなどを考慮し，直接的に養子縁組無効確認訴訟により養子縁組の効力を対世的に確定することを認めても問題ないと思われ，本件判決もそのような考慮に立ったものと位置づける見解が示されている（判例タイムズ1323号252頁・本件判決コ

メント参照）。

　いずれにしても従来見られなかったケースについての判断であり相続財産管理人が相続財産法人を代表して養子縁組無効確認訴訟を提起することを認めたものとして注目に値するものであり先例的にもその意義は大きいと思われる。

⑶　民法802条１号にいう「縁組をする意思」について
　◆養子縁組の成立要件としての「縁組意思」

　本件の直接的争点である本件養子縁組無効確認請求の可否についてのもっとも中心的論点は本件縁組当事者（亡Ａ子とＹ子）間に「縁組をする意思」が存在したかどうかである。

　養子縁組が有効に成立するための最も重要な要件として縁組当事者間において「縁組意思」の存在することが必要である。もっとも民法はこの要件を養子縁組の無効原因を規定する802条１号に「当事者間に縁組をする意思がないとき」は，縁組は無効とするという形式で定めている。

　それでは「縁組意思」とはどのようなものとして要求されているのであろうか。

　学説では従来実質的意思説と形式的意思説が対立しているとされてきた。実質的意思説は，縁組意思とは，一般社会通念上，親子とみられる実体を形成しようとする意思のことで，他の目的を達成する方便としての縁組は無効であるとする見解である。通説的見解といってよいと思われる。これに対して，形式的意思説は，法律上の養子縁組の成立を目的として縁組の届出をする意思があればよいとする見解である。

　実質的意思説の代表的見解として我妻栄博士の説かれるところ

を紹介しておこう。以下のように述べておられる。

「縁組をする意思（縁組意思）とは，親子関係を成立させるという意思である。しからば，『親子関係』とは何か。結局は社会の一般通念によるべきであるが，親子関係は，夫婦関係と異なり，必ずしも同棲的共同生活を要素としないのだから，親子としてのいわば精神的なつながりをつくるという意思があれば，縁組意思は存在する，といわねばならない。単なる方便としての縁組が無効だといわれる場合の方便という意味も，この観点から判断しなければならない。」（我妻栄「親族法」264頁）。

また判例は以前から実質的意思説を採っており，旧法時代の例では，兵役義務を免れる目的の縁組（大判明治39・11・27刑録12・1288頁），芸妓営業をさせる目的の縁組（大判大正11・9・2民集1・9・448頁），婚姻に際して家格を釣り合わせるための仮親縁組（大判昭和15・12・6民集19・23・2182頁）等が無効とされている。

最高裁の判例を一つ挙げておこう。最高裁昭和23年12月23日第一小法廷判決（民集2・14・493頁）である。

事案は，旧民法下の推定家督相続人である養女が他家に入籍できないため，養母がそれを避ける一時の便法として養女の叔父を新たに養子とした縁組に関するものであったが「所論は，旧民法第851条第1号（新民法第802条1号）に『当事者間に縁組をする意思がないとき』とは，『届出自体が当事者の意思に反する場合即ち届出其のものに瑕疵ある場合』を指すものであると主張する。しかし，それは当事者間に真に養親子関係の設定を欲する効果意思を有しない場合を指すものであると解すべきは，言をまたない

ところである。されば，たとい養子縁組の届出自体については当事者間に意思の一致があったとしても，それは単に他の目的を達するための便法として仮託されたに過ぎずして，真に養親子関係の設定を欲する効果意思がなかった場合においては養子縁組は効力を生じないのである。」と説いている。実質的意思説に立つものといえよう。

◆養子縁組における「縁組意思」の特殊性

養子縁組の要件としての「縁組意思」について例えば前記の最高裁判決は「当事者間に真に養親子関係の設定を欲する効果意思」であるとしているし，我妻博士は「親子としてのいわば精神的なつながりをつくるという意思」があればよいとされる。このようにその意味づけに工夫がこらされるのはまさに養子縁組制度のもつ目的の多様性の承認とそれを可能にする縁組要件の緩やかさのもたらす結果であろう。これらの意義づけからもたらされる最大公約数的結論は「単に法律上養親子の名義を得ようとする意思」は縁組意思ではあり得ないということであろう。

この問題はよく「婚姻意思」と比較される。「婚姻にあってはその定型は明白であり，同居しない夫婦・扶助し合わない夫婦は婚姻の本質に反する。これに対し，親子にあっては，現実に同居しなくともあるいはまた扶養を行わなくとも，必ずしも親子の本質には背かない。」（久貴忠彦「親族法」206頁）や「親子関係は，夫婦関係とちがって，同棲的共同生活を必要としないから，縁組意思の存在が争われる事案においては，その存否の判断は困難である場合が少なくない。」（泉久雄「親族法」228頁）等の指摘が本質を射ている。つまりは，養子縁組そのものの中に明確な社会

的習俗的定型性を見出すことが難しいということであろう。問題の困難性の一つがそこに潜んでいる。

　関連してもう一点触れておかなければならないのは縁組要件の緩やかさのもたらす結果としての成年養子縁組といわゆる方便（広義）のための養子縁組届出が多いという現実である。その方便も主として「家名の承継」と「養親の老後の扶養」「遺産相続」であり，それらが現実の届出の相当数を占めているといわれている（平賀俊明「わが国の養子縁組の実態」法律のひろば39巻2号4頁以下参照）。このような実態を考慮するとこれらの縁組には全て何らかの「方便性」を見出し得るのである。そして，これらをすべて方便のための養子として，縁組意思の存在を否定して無効とするわけにはいかないであろうし，逆にすべてを有効なものとすることも問題であろう。そこでどのような論理で個々のケースについて「縁組意思」の存否を判断をするかが問題となるのである。しかも，そこで重要な意味をもつのが縁組関係形成前後の具体的事実関係の評価ということになると思われる。本件はその意味でも大変注目すべき判決といえるのではなかろうか。

　◆本件養子縁組の目的は何であったのか

　それでは本件で亡A子とY子の間に結ばれた縁組は何を目的としていたものであろうか。どのような目的で縁組が意図されそれについて当事者間でどのような話合いが行われたのか等については公開された記録からは明らかではない。記録から読み取ることができるのは本件縁組がB子の主導によって行われ証人に依頼された牧師が縁組届の記載事項をすべて記入しその後B子と牧師によって届け出られたということだけである。そして，養子となっ

たY子と養親たる亡A子との間に縁組届前後を通じてほとんど接点がなかったということである。また，本件では関係者の年齢も明らかにされていないので不明であるが少なくとも相当の年齢者による成年養子縁組であることは間違いなさそうである。しかし，いずれにしても，本件縁組届出の段階では何を目的としてなされた縁組であるかを明確にすることはできない。かくして本件養子縁組に基づく養親子関係が現実に継続したのは約2年足らずであった。そして，養親であるA子が死亡したことによって相続人としての地位を得ていたY子はA子の遺産である預貯金の払い戻しを受けたり不動産について相続登記を経由していたのである。このような状況下で本件養子縁組の無効確認請求の訴えが提起され原審は「縁組意思を欠く」ものとして無効であるとしたのに対しY子が控訴したわけである。

◆「縁組意思」についての本件判決

　本件判決は以下のとおり説いて控訴人（Y子）の控訴を棄却した。

　「しかしながら，民法802条1号にいう『縁組をする意思』（縁組意思）とは，真に社会通念上親子であると認められる関係の設定を欲する意思をいうものと解すべきでありしたがって，たとえ縁組の届出自体について当事者間に意思の合致があり，ひいては，当事者間に，一応法律上の親子という身分関係を設定する意思があったといえる場合であっても，それが，単に他の目的を達するための便法として用いられたもので，真に親子関係の設定を欲する意思に基づくものでなかった場合には，縁組は，当事者の縁組意思を欠くものとして，その効力を生じないものと解すべきであ

る。そして，親子関係は必ずしも共同生活を前提とするものではないから，養子縁組が，主として相続や扶養といった財産的な関係を築くことを目的とするものであっても，直ちに縁組意思に欠けるということはできないが，当事者間に財産的な関係以外に親子としての人間関係を築く意思が全くなく，純粋に財産的な法律関係を作出することのみを目的とする場合には，縁組意思があるということはできない。

　以上の見地から本件についてみると，仮に，A子と控訴人の双方とも，一応法律上の親子という身分関係を設定する意思があり，本件縁組届の作成及び届出が両者の意思に基づいて行われたものであったとしても，前記の事実関係に照らせば，本件養子縁組当時，A子と控訴人とは全く交流がなく，両者の間に親子という身分関係の設定の基礎となるような人間関係は存在していなかった上，本件養子縁組がされた後も，両者が親族として交流した形跡は全くなく，上記のような関係は基本的に変わっていなかったものと認められるから，A子と控訴人が親子としての人間関係を築く意思を有していたとは到底考えられないところである。そして，控訴人又はB子が，A子の死亡の翌日にその貯金を解約してこれを事実上取得し，その他のA子の遺産についても速やかに相続の手続を取っていることなどを考慮すれば，本件養子縁組による親子関係の設定は，B子の主導のもと，専ら，身寄りのないA子の財産を相続させることのみを目的として行われたものと推認するほかはない。

　以上によれば，本件養子縁組は，当事者の縁組意思を欠くことにより，無効であるというべきである。」

◆若干の感想

　本件判決は縁組意思の意義を「真に社会通念上親子であると認められる関係の設定を欲する意思」と解すべきであるとした上で，縁組が主として相続や扶養といった財産的な関係を築くことを目的とするものであっても，直ちに縁組意思に欠けるとはいえないが，その場合でも，当事者間に財産的な関係以外に親子としての人間関係を築く意思が全くなく，純粋に財産的な法律関係を作出することのみを目的とする場合には，縁組意思があるということはできない，とする。

　この論拠は注意深く読むと成年養子縁組における「縁組意思」のあるべき内実について細かな配慮をしながら巧みな要件設定をしているように思われるのである。

　つまり，成年養子縁組の場合，縁組の効果としては，親権などは問題にならないから，せいぜい扶養と相続ぐらいの意味しかないことになる。本件判決もそのことを目的とした縁組であってもそのことのみを理由として「縁組意思」なしとはいえないとする。この判断は現行養子縁組の構造上認めなければならない前提と見なければならないであろう。

　しかし，そのような縁組であっても，①親子としての人間関係を築く意思が全くなく，②純粋に財産的な法律関係を作出することのみ，を目的とする場合には「縁組意思」があるとはいえない，とするのである。①では「全くなく」②では「純粋に」という文言が使われていることに留意したい。つまり，この二つの要件的事実を満たせばまさに「方便」のための縁組という結論を導くことができると同時にそこまで「方便性」に徹底していない事情が

あれば縁組意思を是認しなければならない場合のあることをも示しているわけである。

　どのような形態の縁組であれ、「親子としての人間関係を築く意思」を求めることは嫡出親子関係の創設という効果を考えれば極めて自然なことのように思われるが、その顕れ方、とらえ方が一つの問題点でもあるわけである。

　例えば、我妻博士は「養子となる者が未成年者である場合には、養親が監護・教育の責任者となるのだから、精神的にも、物質的にも、親子としての中核的な効果の発生を欲していなければならない。」が、「これに反して、成年者間の縁組では、親子関係本来の効果である相続や扶養については、たといそれを主たる目的としているときでも、同時に、少なくとも精神的な親子としてのつながりを基礎としてその目的を達成しようとしているときは、縁組意思があるといわねばならない。」（前掲「親族法」274頁）と説いておられる。

　本件に即していえばまさに「精神的な親子としてのつながりを基礎として目的を達成しようとしていたかどうか」が問われたことになろう。本件判決のいう「親子としての人間関係を築く意思」も実質的には同じとみてよいと思われる。

　本件判決は「縁組意思」の意義について注目すべき判断をしたものであり、結論も理由も説得力あるものと思われる。

　ただ少し視点を変えて考えてみよう。本件のような事実関係のもとで行われた養子縁組についておそらくこれを有効な縁組として認めるべきであるという人はそういないのではないだろうか。私自身もそうである。そうした感覚は大事なものである。社会通

念などというときはそうした感覚が基礎にあるのだと思う。判決がよく社会通念という言葉を使っているのもまさに同様の意味合いであろうと思われる。問題はしかしそれだけで結論を導く根拠とすることも十分ではないために当該問題に直接的に関係するキーワードを駆使して判断を示すことになるのだと思う。

　それを本件に即していえば，本件養子縁組の届出によって意図された目的やその外形の下にある身分的生活関係が，国家の立場から見て是認できるものかどうかという法的価値判断が「社会通念」というリトマス紙を通して個別的評価を加えてなされた結果，養子縁組の有効性を否定すべきという結論を得，その結論を正当化するため，「縁組意思」の意義を「親子としての人間関係を築く意思」とし，本件事実関係のもとでは，そのような「意思」を有していたとはいえない，として無効確認請求を是認したという見方も可能であろう。

　いずれにしても相続財産管理人が相続財産法人を代表して養子縁組無効確認訴訟を提起することを認めた点とともに参考となる判決であると思われる。

　余談ながら本件B子は自己の長女を養女とする縁組届を利するという姑息な手段を選ばずとも，A子の死後，特別縁故者として家庭裁判所に相続財産分与の請求（民958条の3）をするということも可能であったと思われる。縁組のほうが確実と考えたのかも知れない。

③　東京高裁平成22年1月20日判決（親子関係不存在確認請求控訴事件）

●事実関係はどのようなものであったか。

　まず本件控訴審が認定した事実関係の重要な部分を紹介しよう。

(1)　Bは，ルーマニア人女性であり，平成14年12月27日に90日間の短期滞在の在留資格期間でわが国に入国した。

(2)　Bは，入国後僅か47日後である平成15年2月に，腎臓病の持病があり，平成13年3月から生活保護を受給している当時何ら資産を有しない43歳の日本人男性Aと婚姻した旨の届出をし，この婚姻により，同年5月2日にBの在留資格期間は日本人配偶者として1年に変更された。

(3)　Aは，平成13年2月1日に○○市××町＊番地に転入後，平成17年12月30日まで同所に居住したが，一方，Bは，平成15年2月5日に，居住地を○○市×××番地とし，Aの同居者として外国人登録をした後，平成17年7月5日に同市△△町＊番地に転居した。したがって，Bが平成18年8月＊日に出生した控訴人（Y）を懐胎したとみられる平成17年11月前後ころ，AとBは，それぞれ別の場所に居住していて同居の事実はない。

(4)　AとBは，控訴人（Y）が誕生する9日前である平成18年8月7日に協議離婚届けを提出した。

(5)　Bは，Aと協議離婚をして日本人配偶者ではなくなったが，日本国籍を有する控訴人（Y）が平成18年8月16日に誕生したことにより，Bの在留資格期間は定住者として1年に変更された。

(6)　Aは，Bと協議離婚後，交通事故で死亡し，加害者の損害保険金が相続人に支払われることになり，損害保険会社との間で関係者との話合いがもたれた。

(7)　そうした状況の中で，Aの異母弟に当たるXが，Yについて，Aの子ではないとして，A・Y間に親子（父子）関係が存在しないことの確認を求めて提訴したのが本件である。

(8)　Y及びその法定代理人親権者Bは，原審の口頭弁論期日に出頭せず，Xの本人訊問の結果ほかの関係証拠から原審は父子関係不存在確認請求を認容する判決をした。これに対し，Yがその取消しを求めて控訴したのが本件である。

●事案の特色

　本件は在日外国人女性の関係した日本人男性との婚姻届を起点として展開する事案である。在日外国人とりわけ在日外国人女性にとって日本での在留をより安定的，固定的なものとするために日本での在留資格の内容に著しい関心を寄せることになる。そのことが巷間，時として話題を提供することになる偽装婚姻，偽装認知，偽装縁組という形で顕在化することがある。

　本件も記録によれば，Bは当初平成14年12月27日に「短期滞在」の在留資格で入国している。短期滞在の資格は観光，保養，スポーツ，親族の訪問，見学等が活動内容として規定され，期間は90日である。Bは期限を平成15年3月27日として入国を許可されたものである。ところが，その期限内である平成15年2月12日付けで日本人男性Aとの婚姻届が提出されこれに基づきAの戸籍のAの身分事項欄にBとの婚姻事項が記載されたようである。それを受けて平成15年5月2日には在留資格を「日本人配偶者」とする変更が認められ1年の在留が認められている。以後協議離婚するまでその資格のまま在留資格を更新することになるのである。

　さらにA・B間には，平成18年8月16日付けでYが出生した旨の

記載が戸籍になされている。ところがＡ・ＢはＹが誕生する９日前である平成18年８月７日に協議離婚届を提出しているのである。しかし，Ｙは，離婚後300日以内の出生子であるから嫡出子としての地位を取得している（民772条２項）。そして，当然のことながら国籍法の規定（２条１号参照）によりＹは日本国籍を取得していることになる。Ｂは離婚により日本人配偶者としての地位は失うけれども日本人子の母親であることから以後は「定住者」という在留資格を与えられ１年の在留期間を取得し更新を続けることになるのである。つまり在留資格を維持するために離婚を抑制する理由は何もないということになるのである。

こうした経過を見ると，もとより推測にすぎないが，一連の事実はＢの在留資格の安定的維持のために実に巧妙に計算された結果に基づいているようにも見えるのである。日本に不案内なＢが日本の婚姻制度なり法的実親子関係の内容を知悉していたとはとても想像できないことであり背後にこのような法的行為を媒介する人間（集団）がいるのかも知れない。

訴訟の本質的部分からははずれた事柄ではあるけれどもその背景的事情のもつ特色という意味で敷衍した次第である。

●訴訟で問題となった点は何か。

本件は親子関係不存在確認請求事件である。つまり，ＹとＡとの間に父子関係がないことの確認を求めたものである。ところで，婚姻関係にあり，又はあった夫婦の妻が出産した子を嫡出子というが，その父子関係については民法上，妻が婚姻中に懐胎した子は，夫の子と推定され（民772条１項），婚姻成立の日から200日を経過した後に生まれた子，又は婚姻の解消若しくは取消しの日から300日以

内に生まれた子は,婚姻中に懐胎したものと推定される（同条2項）。

　この嫡出推定〔父子関係の推定〕を覆すには,民法774条には,「772条の場合において,夫は,子が嫡出であることを否認することができる」とあり,これを受けて,同法775条前段に,「前条の否認権は,子又は親権を行う母に対する嫡出否認の訴えによって行う」とあるので,772条1項,2項に該当する子すべてについて,嫡出否認の訴えによるべきもののように受け取れないこともない。

　しかし,この点については,妻が,夫の子を懐胎できない状態のもとで懐胎した子についてまで嫡出推定は与えられるべきではないとされている。

　そのことについての指導的判例が最高裁昭和44年5月29日判決（民集23・6・1064頁）である。判旨は,婚姻解消の日から300日以内に生まれた子で,父母が婚姻解消の日から2年半以前事実上の離婚をして別居している場合,その子は民法772条の推定を受けない嫡出子である,とするものである。このほかにも,母の夫の服役,外国滞在,行方不明など,子の母との同棲の欠如が外観上明らかな状態の中で懐胎されて出生した子は推定を受けない嫡出子とされている。

　このような推定を受けない嫡出子の地位については嫡出否認の訴えによる必要はなく,親子関係不存在確認の訴えによって否定することができるものとされている。この親子関係不存在確認の訴えについては民法,民事訴訟法,旧人事訴訟手続法のいずれにも規定がなかったのであるが,親子関係の戸籍訂正に必要ということから判例によって認められてきたものである（大判昭和11・6・30民集15・1281頁）。しかし,平成15年の新人事訴訟法の成立により実親

子関係の存否確認の訴えも「人事訴訟」として明確に位置づけられたことは周知のとおりである。

　そこで本件親子関係不存在確認請求訴訟が適法とされるためには，Ｙについて嫡出の推定が排除される場合に当たることが必要となる。その問題に対する判断と，次に，嫡出推定が排除されるとして，ＹとＡの間に親子関係が存在するかどうかが，次なる論点として争われたものである。

(1)　本件子であるＹの嫡出推定性は排除されるかどうかについて

◆「嫡出性の推定」についての本件判決

　「ところで，嫡出推定制度は，第三者が他の夫婦間の性生活といった秘事に立ち入って子の嫡出性を争う手段を制限して家庭の平和を維持すること，出訴期間を定めて早期に法律上の父子関係を安定させ，子の養育環境を確立することを目的としているものと解される。

　この趣旨からすると，法律上の婚姻関係が継続していても，既に夫婦が事実上の離婚をして夫婦の実態が失われている場合，又は，夫が長期間遠隔地に居住して不在の場合など妻が夫の子を懐胎する可能性がないことが外観上明白な事情があるときは，嫡出の推定が排除されると解するのが相当である。

　そうすると，本件親子関係不存在確認訴訟が適法とされるためには，本件において，妻が夫の子を懐胎する可能性がないことが外観上明白な事情があることから，嫡出の推定が排除される場合に当たることが必要となる。

　－中略－

　以上によれば，Ｂは，本邦に最初に入国した後の，日本語によ

188

る日常会話にも不自由していたと見られる時期に，結婚を前提と
する交際期間もないままに，従前，何らの接点もない生活保護受
給者で重い腎臓病の持病のある16歳も年上のＡと突然，婚姻した
ことになるが，経験則に照らしてこれは極めて不自然である。

　また，ＢとＡは，控訴人の出生直前（９日前）に協議離婚をし
ているが，これもＢとＡの婚姻が，夫婦としての生活実態を伴う
ものであるとすれば，この時期に離婚すること自体が不可解かつ
不自然である。

　さらに，夫婦の転居の時期が異なることは，夫婦としての生活
実態がなかったことを外観上もうかがわせる不自然きわまりない
ものであり，その合理的な理由は見出し難い。

　これらに加えて，ＢとＡの婚姻後，間もなく，Ｂの在留資格期
間が日本人配偶者（１年）と変更されていること，控訴人の出生
直前の協議離婚は日本国籍を有することとなる控訴人が誕生すれ
ば，その母親にあたるＢはＡとの婚姻を続けなくても在留資格を
得られることによるものと推認され，実際にも控訴人の出生後Ｂ
の在留資格期間は定住者（１年）と変更されていること，さらに，
Ｂが控訴人を懐胎したと見られる時期にはＡと同居していた事実
がないことなどを総合すると，ＢとＡの婚姻は，妻とされるＢの
本邦における在留資格の取得又は維持の目的で法律上の婚姻関係
が形成されたものであると推認することができ，したがって，夫
婦の生活実態も存在しないものであったと評価するのが相当であ
る。

　以上によれば，本件においては，妻が夫の子を懐胎する可能性
がないことが外観上明白な事情があるといえ，控訴人について，

嫡出の推定が排除される場合にあたると解するのが相当である。」

(2)　YとAとの間の親子（父子）関係の存否について

　この点についての判断を示すに際して，本件判決は以下の事実が重要であるとしている。つまり，Aは平成20年3月2日，○○県△△市において工事現場の交通整理の仕事に従事中，貨物自動車に衝突される交通事故に遭い同月4日，死亡した。本件交通事故によりAは，加害者であるGに対し，損害賠償請求権を取得した。Gは，□□ダイレクト損害保険会社との間で損害保険契約を締結していた。

　Hは，□□ダイレクトの担当者として本件交通事故が発生した直後ころから同事故の示談交渉を担当しており，控訴人が父Aの子ではないという話の真偽を確かめるために，平成20年3月24日にBの住居を訪ねた。

　Hは，Bがルーマニア人であると聞いており，また，□□ダイレクトが保険会社として，実際に保険金を支払う立場にあったことから，BがHの話すことを理解できるかどうかを確認しながら，ゆっくり話をし，一連のやりとりを通じて，Bが簡単な言葉であれば日本語を理解することができるという認識をもった。

　Hは，Bの自宅を訪問した目的が，控訴人がAの子であるかどうかを確認することにあったから，Bに対し「（控訴人は）Aさんとの子供ですか」と単刀直入に聞いたところ，Bは，「違います」と言い，控訴人はAとは血がつながっていないという意味の回答をした。

　被控訴人（Aの異母弟）もこの場に同席し，Bの上記発言を聞いている。

◆YとAとの間に親子関係は存在するか，の点についての本件判決

「以上の事実の中でも，Aの損害賠償金を誰が受け取る権利を有するのかについて，関心を有していたHの訪問を受けた際に，BがHの「（控訴人は）Aさんとの子供ですか」という質問に対し，「違います」と答えたことは，とりわけ重要である。Hは本件当事者のいずれにも利害関係を有しない中立の立場の者であるから，聞き及んだ事柄を正直に述べていると考えられ，一方，Bは保険金の分配割合が関係者間で話合いができた後の一段落したほっとしたところで真実を述べた蓋然性が高いとみることが相当である。

　加えて，本件において，Bは，当裁判所が採用した控訴人とAとの間の父子関係の有無についてのDNA鑑定につき，協力しない姿勢に終始したこと（当裁判所に顕著な事実）は見逃すことができない。すなわち，Bは，本件において，控訴人とAとの親子関係の有無が争点となっていることを認識しながら，DNA鑑定につき，合理的な理由を説明することなく，その実施につき協力しない姿勢を堅持しているものであるところ，これも控訴人とAとの間の親子関係の不存在を推認し得る重要な間接事実というべきである。

　以上によれば，控訴人とAとの間に父子関係は存在しないと認めるのが相当である。」

◆若干の感想

本件も事実関係から忖度すると本件判決の結論は抵抗なく受け容れられるものであるように思われる。嫡出の推定を排除するこ

とを認める理論的な根拠についてはいわゆる外観説をはじめ血縁説とか家庭破綻説とか多様な理論構成が試みられてはいる。しかし，最高裁の立場は前掲の昭和44年５月29日の判決に代表されるように「外観説」の立場を採用しているものと理解してよいと思われる。しかし，そこでいう「外観」とは，問題とされる子が夫の子であることがあり得ない客観的明白な外的事情がある場合というようにかなり厳格にとらえられているように思われるのである。事実上の離婚による別居，夫の服役，外国滞在，行方不明等極めて客観的に明白な事情の存在する場合がそれである。

それはまさに嫡出推定制度が「家庭の平和を維持し夫婦間の秘事を公にすることを防ぐ」ためや「父子関係を早期に安定させ，子の養育環境を確立すること」を目的としていることからこの趣旨をできるだけ活かそうとする結果であろう。

しかし，本件判決は「外観上明白な事情」の認定を従来の判例に見られるような「客観的に明白な外的事情」の存在にこだわることなく，重要なことは，妻が夫の子を懐胎する可能性がないことの「外観上明白な事情」の存在であり，それは本件事実関係の中から合理的に汲み取ることのできる客観的事実の積み重ねにより明らかにすることによっても可能であるという立場を明らかにしたもので嫡出推定の排除について注目すべき判断を示したものと言えるのではなかろうか。

本件判決が指摘しているようにその「外観上明白な事情がある」と認定した事実は，本件婚姻の経緯，Ｙの出生直前の離婚，夫婦の転居の時期の相違，婚姻による在留資格の変更，日本国籍を取得する子を儲けたことによる在留資格の維持，Ｙ懐胎時の同

居の事実のないこと等は一つ一つの事情だけでは推定排除の事情
としては必ずしも強力なものとは言えないものがあるにしても全
ての事情を総合すれば合理的判断であることが肯定できるもので
ある。そのような評価を導くのはやはりA・Bの婚姻が，Bの日
本における在留資格の取得又は維持の目的で形成されたものであ
るとの推認を高度の蓋然性をもって可能にするからであろう。

　本件判決が示した嫡出推定の排除の手法が本件とは異なるケー
スについても用いられることになるのかどうか今後に注目したい。
いずれにしても方便としての婚姻届を起点として展開した事案に
ついての判断として興味深いものがある。

④　終わりに

　現代社会は混沌としておりかつては想像することすらできなかっ
た諸々の事件が頻発している。戸籍行政の場面でも例外ではなく養
子縁組とか婚姻届という基本的な身分行為が本来の目的から逸脱し
て他の目的を達するための方便として用いられるという現象が見ら
れる。このようなことはこれまでもなかったわけではない。しかし，
最近の事例の特色はこれらの偽装的行為が究極的にはなんらかの財
産的利得に向けての手段として縁組等の身分行為に仮託してなされ
ているということであろう。

　昨年12月27日付けで「養子縁組の届出に関する取扱いについて」
と題する法務省民事局長通達が発せられている（法務省HP参照）
がその趣旨はもちろん縁組意思がないまま，氏を変更することを目
的とする養子縁組の届出を未然に防止するため，虚偽の養子縁組で
あると疑われる届出について，その受理・不受理について管轄の法

務局長等に照会するという内容のものである。その運用には課題も多いと思われるが虚偽届出の未然防止に向けた一つのアクションとしてその成果に注目かつ期待したい。

　本稿で取り上げた二つの判決にかかる事例はもちろん形式的には合法の衣をまとって受理され戸籍上の処理がなされたものに関するものではある。しかし，そこで問題とされた養子縁組にしろ親子関係の存否にしろそれを無効と断じあるいは親子関係の存在を否定する判決の論理はその前提としての事実認定とその評価とともに新たな問題認識をもたらしてくれるだけでなく「縁組意思」の不存在等の事実認定をする際に考慮すべき事由についても示唆的であるように思われる。事柄は「身分行為意思の存否」という問題に関わることではあるがそれは決して当事者の内心のみにとどまる問題ではなくその存在を推認させるに足りる客観的諸状況の存在を伴うものでなければなるまい。そのように考えると虚偽の疑いのある届出に関わる当事者を取り巻く状況の多角的検証によって「意思の存否」は意外と浮き彫りになるものではなかろうか。二つの判決を読みながらそんなことを実感している次第である。

戸籍誌851号（平成23年1月）所収

［著者紹介］

澤田 省三　● ● ● ● ● ●
（さわ　だ　しょうぞう）

略　歴
　　1936年生。兵庫県豊岡市出身
　　法務省勤務を経て，宮崎産業経営大学法学部教授，同法律学科長，
　　鹿児島女子大学教授，志學館大学法学部教授，同図書館長，中京
　　大学法科大学院教授，全国市町村職員中央研修所講師，全国市町
　　村国際文化研修所講師等歴任

著　書（主なもの）
　　「夫婦別氏論と戸籍問題」（ぎょうせい）
　　「家族法と戸籍をめぐる若干の問題」（テイハン）
　　「新家族法実務大系２」共著（新日本法規）
　　「ガイダンス戸籍法」（テイハン）
　　「私の漱石ノート」（花伝社）
　　「渉外戸籍実務基本先例百選」（テイハン）
　　「戸籍実務研修講義（増補・改訂版）」（テイハン）
　　「法の適用に関する通則法と渉外的戸籍事件―基礎理論と実務へ
　　　の誘い―」（テイハン）
　　「戸籍実務研修講義―渉外戸籍編―」（テイハン）
　　「ピックアップ判例戸籍法Ⅰ・Ⅱ」（テイハン）
　　その他多数

家族法と戸籍実務等をめぐる若干の問題・中

2022年３月24日　初版第１刷印刷　定価：2,530円（本体価：2,300円）
2022年３月30日　初版第１刷発行

| 不　複 | 著　者　澤　田　省　三 |
| 許　製 | 発行者　坂　巻　　　徹 |

発行所　　東京都文京区　株式　テイハン
　　　　　本郷５丁目11-3　会社
　　　　　電話 03(3811)5312　FAX 03(3811)5545／〒113-0033
　　　　　ホームページアドレス　https://www.teihan.co.jp

〈検印省略〉　　　　　　　　　　印刷／三美印刷株式会社
　　　　　　　　　　　　　　　ISBN978-4-86096-147-3